森弘子聞き書き

ひとすじの梅の香

南里義則

海鳥社

装画・石坂香枝

森弘子聞き書き

ひとすじの梅の香◉目次

宝満山を再び祈りの山へ

祈りの山に峰入り　16
願いを込め護摩炊き　18
宝満山研究を始める　20
山に曼陀羅を布く　22
結婚、出産の合間に　24
初めての本を出版　26
宝満山修験会成る　28
命脈を保った修験道　30
五感で修行初体験　32
修験道が再び定着　34
山頂で国家的祭祀　36
最澄の足跡を再現　38
脊振山に浄土を見る　40
平石坊と仙厓和尚　42

市民参加のまちづくりへ向けて

父、仙厓師に心酔　46
理想の博多商人像　48
父の信仰生活と私　50
ＤＮＡを受け継ぐ　52
パイプ役になろう　54
激動の大宰府史跡　54
生涯の友との邂逅　58
田村圓澄先生の縁　60
大宰府アカデミー開講　62
予想上回った反響　64
飾らない竹内理三先生　66
九州歴史資料館草創期の人々　68

在野からも講師に　70
講義の内容を本に　72
史跡解説員誕生へ　74
キワニス賞を受賞　76

現代人と古代人を結ぶ万葉の心

万葉集によるまちづくり　80
古代と現代を結ぶ歌　82
万葉の先進地、高岡　84
万葉の集いが実現　86
古代食再現に挑む　88
政庁跡で梅花の宴　90
器と衣と舞も再現　92
食の原点探しから　94
命にいい食を教える　96

住民の誇りを呼び覚ました人々

基層文化を土台に　100
九州国立博物館で開館の式典　102
志伝える石碑三基　104
藤井功さんの登場　106
新発見を「誇り」に　108
史跡は地元で守る　110
原点は岡倉天心か　112
西高辻信貞宮司の夢　114
天満宮の中興の祖　116
神社は共感の広場　118
詩人安西均と西高辻宮司　120
要の有吉林之助氏　123

まちづくりの中核・九州国立博物館

「ミュージアム九州」創刊 120
風水思想を論じる 128
予想超える入場者 130
多彩に天神さま展 132
市民と共生目指す 134
昔のやり方に帰る 136
市民協同型ＩＰＭ 138
地域づくりの核 140

物語に彩られた地域文化の継承

市史編纂委員会が始動 144
貴重な証言を得る 146
執筆にも市民参加 148
市民活動の広がり 150
冨永朝堂先生の記念展 152
能への思い果たす 154
『太宰府発見』本に 156
祭りを支える共同体 158
海の者が山をほめる 160
トトロ型社会を望む 162
姥が懐の景観残る 164
空間の履歴を読み解く 166
熱気あふれる市民塾 168
市民自ら現場調査 170
市民遺産を生かそう 172
伝えたい連歌文化 174

時空を超えて人をつなぐ絆を

高取正男先生に導かれ　178
環境歴史学を志す　180
宝満山実地踏査へ　182
山里の祈りの継承　184
図らずも賞をいただく　186
共同研究でパリへ　188
ふるさとを思う志　190
それぞれの香りを　192
次代にたすき渡す　194

森弘子関連年表　197
森弘子著作一覧　209
あとがき　213
邂逅 ―― 感謝にかえて　森弘子　219

ひとすじの梅の香

森弘子聞き書き

皆さんは「太宰府」から何を連想しますか？　千三百年ほど前に大和朝廷が九州を治める拠点とした大宰府政庁（都府楼）跡、学問の神さま・菅原道真公を祭る太宰府天満宮、昔の山伏の修験道の場で今は多くの登山客でにぎわう宝満山……。

福岡都市圏の南部に位置するこの古都に、思い描く像は人それぞれでも、歴史の厚みには誰もが共感するのではないでしょうか。その共感をすくい取ったような詩があります。

古い鍵の形をした町を歩くと
私の心のなかでしづかに開く重い扉がある
その奥から流れてくる一すぢの梅の香
天の牛車《ぎつしや》のほのかな影が軋《きし》り
心の砂に轍《わだち》のあとを残す

科《とが》なくてこの世の平安を追はれゆく
優しいひとを乗せながら
まぼろしの牛車にまつはる
梅ヶ枝のつばらな光
砂のしのび音《ね》……

見えざる扉の奥から
古い童謡のやうな梅の香が流れてくる
私の薄暗がりな過去のあたりから

福岡県筑紫野市出身の詩人、安西均《ひとし》の「童謡――太宰府にて」です。私が太宰府天満宮文化研究所に入った二十二歳のころ、ラジオから朗読が流れ、時空を超えたそのドラマチックな内容が私の心の琴線に触れました。今回の表題はこの詩から頂きました。

近年の太宰府のビッグニュースは、平成十七（二〇〇五）年十月の九州国立博物館開館ですね。「古代以来、アジア文化の接点だった地に国立博物館を」と地元を挙げた誘致の成果でした。昭和五十六（一九八一）年に財団法人「古都大宰府を守る会」の文化部長を拝命、平成十七年二月には「太宰府発見塾」の塾長を任され、太宰府の歴史や文化を市民の皆さんと発信してきた私にとっても宿願の成就でした。

けれども、この地では今も開発が進んでいます。歴史を刻んだ景観の保全か開発か。開発優先できた戦後日本の、避けて通れない問題です。

平成二十一年正月、NHKテレビで「にっぽん巡礼――あなたの心がかえる場所」が放映されました。印象深かったのが、俳優の緒形拳さんがルーツを求めて大分県豊後大野市（旧緒方町）の緒方神社を訪れた場面。自分の顔に風が吹き付けた瞬間、緒形さんは「（先祖に）歓迎されているな」とおっしゃった。亡くなる直前だった緒形さんは一陣の風に、時を超えた先祖との「つながり」を体感されたのですね。

太宰府の多様な価値について発信してきた私の活動の目的もまさにそれ。「心のふるさと」を次世代に伝えたい、という一点に尽きます。

宝満山を
再び祈りの山へ

祈りの山に峰入り

朝から夏本番のような強い日差しでした。太宰府天満宮の東北にそびえる宝満山（八三〇メートル）で平成二十一（二〇〇九）年五月十日、修験道の修行の一つ「峰入り」が行われました。毎年五月の第二日曜日にあり、一般登拝者も参加します。

午前九時すぎ、山伏を先頭に約七十人がふもとの竈門《かまど》神社を出発。「結界《けっかい》」（修行場の境界線）である二合目の一の鳥居で、山伏が新たな入山者と質疑応答をします。入山問答です。頭にかぶった頭巾《ときん》や手に持つ錫杖《しゃくじょう》などの意義を、独特の口上でやりとり。これに合格すると、弓や剣で作法をして再び登り始めます。石の階段が多く、七合目前の「百段がんぎ」は特に難所。汗だくで登り、中宮跡を経て昼食。尾根続きの仏頂山の山頂経由で宝満山頂の上宮に着き、勤行《ごんぎょう》で終了です。参加者のすがすがしい笑顔が印象的でした。

九州大学大学院で原爆児童文学を専攻するイタリア女性のティベリ・ロベルタさんや、米カリフォルニア大学で日本文化を教えるロバート・ボーゲン教授も参加。特に山伏姿のロベルタさんは「自然の中での修行で宗教を体験する点が魅力」と、終始真剣な表情でした。下山の途中、彼らと共に、古代以来の修行場の一つ、大南窟《くつ》の薄暗い窟内で、山伏の方たちに神秘的な「入山灌《かん》頂《ちょう》」（宝満修験者として認める儀式）をしていただきました。

この宝満山の歴史的な背景について、少し話しておきましょう。六六三年、朝鮮半島・白村江《はくすきのえ》の戦いで唐・新羅連合軍に敗れた大和朝廷は九州の防衛を固めるため、水城《みずき》（太宰府市・大野城市）や大野城（大野城市・太宰府市・宇美町）、基肄城《きい》（佐賀県基山町・筑紫野市）を築造。その中核施設が九州統治の拠点とされた大宰府政庁です。宝満山はその東北、いわゆる鬼門にあたるため、鬼門よけの八百万神《やおよろずのかみ》を祭ったのが信仰の始まり、と伝えられています。

宝満山の頂上、竈門神社上宮で勤行する峰入り参加者

六七三年、修行中の心蓮《しんれん》上人が「我、現国《うつしくに》を守り民を鎮護せん」と告げる玉依姫《たまよりひめ》の示現《じげん》（神仏が衆生救済などのために姿を現すこと）を得たと天武天皇に上奏、同天皇が上宮を建てたと伝えられます。峰入りで仏頂山頂を経由するのは、開山の祖・心蓮を祭る祠《ほこら》があるからです。

そのような解説を、平成二十一年も私が峰入り参加者の皆さんにしました。宝満山は私のライフワークなのです。

願いを込め護摩炊き

峰入りから三週間後（五月末）、宝満山の竈門神社に再び山伏たちが集まって「採燈大護摩供《さいとうだいごまく》」がありました。これも山伏をはじめ、参詣者の心身清浄を祈る修行の一つ。剣や斧の作法の後、護摩を焚きます。「病気平癒」など願い事を記した護摩木を燃え盛る護摩壇に次々と投入。最後は、灰の上を素足で歩く「火渡り」で所願成就を祈りました。

さて、なぜ宝満山が私のライフワークかを話す前に、この山の宗教的な変遷を概説しておきましょう。

この山が歴史書に登場するのは、延暦二十二（八〇三）年のこと。日本天台宗の開祖・最澄が唐に渡る前に航海の平安を願って「竈門山寺」に参籠《さんろう》し、薬師仏を彫った、との記録が残っています。宝満山はかつて御笠山、竈門山と称された経緯があります。

三代座主《ざす》・円仁ら高僧も詣でたこの山は「九州天台宗の中心的道場」となります。大山寺《だいせんじ》など天台系寺院が栄えますが、平安時代末以降はさまざまな争いに巻き込まれます。博多湾からの二度の蒙古襲来（元寇）後、盛んになるのが修験道です。背景に社会不安の高まりがうかがえます。

修験道って何、と思われる方もいらっしゃるでしょう。キーワードは「擬死再生」。つまり、山伏が山岳修行で心身を極限まで追い詰め（擬死）て「験力《げんりき》」を取得し、衆生を救う仏の子への再生を目指す。森羅万象に「神」を感じた縄文時代以来の日本人が持っていた心性、山岳信仰を基に神道や仏教、中国の道教までも混合した宗教ですね。

竈門神社の境内で行われた採燈大護摩供

私がこの山とかかわるきっかけは京都女子大学（日本史専攻）在学中、高取正男教授のご指導で「中世の八幡神」を卒論に選んだことから。

私の父石村善右《ぜんゆう》は鶴乃子本舗「石村萬盛堂」（福岡市）の二代目で多彩な人脈を持ち、太宰府天満宮の西高辻信貞宮司とも親交がありました。少女時代から父と同宮に出入りする私が卒論で八幡神を、と知った宮司が紹介してくださったのが、八幡信仰史などの研究者中野幡能《はたよし》先生（大分県立芸術短期大学教授）でした。

宮司は中野先生に宝満山研究を提案。昭和四十四（一九六七）年、大学を出た私は、同天満宮文化研究所で中野先生を手伝うことになりました。そのころ宮司にこう言われます。

「宝満山を、青春のライフワークにしてみませんか」

宝満山研究を始める

西高辻信貞太宰府天満宮宮司が私に宝満山研究を勧められた胸の奥には、自らが宮司を兼務された竈門神社への思い入れがあったようです。

私が卒論で研究した大分県宇佐八幡宮の御託宣集（神から受けたお告げ集）では、竈門神社の主祭神・宝満大菩薩（玉依姫）は八幡大菩薩（応神天皇＝宇佐宮の主祭神）の伯母。つまり神功皇后の姉とされます。

記紀神話では「玉依姫は初代の神武天皇の母」。それが（十五代とされる）応神天皇の伯母ってどういうこと？　それぞれ日本神話の登場人物ですが、両神社の由来に絡む謎の解明をテーマとする私に、宮司は学問的探求を委ねられた気もします。というのは、昭和三十五（一九六〇）年に宮司の肝いりで鏡山猛九州大学教授（考古学）ら地元学識者が宝満山文化綜合調査会を結成。しかし、遺跡・遺物班を除き、さしたる成果もなく頓挫した経緯があったのです。

その後、八幡神と縁の深い宝満大菩薩などを調べに太宰府にみえた中野幡能《はたよし》先生と会い、宮司は宝満山史の編纂を強く望まれたのでした。中野先生は、京都の石清水八幡宮を中心に語られていた従来の通説を覆し、「宇佐宮こそ根本」と論証された方。その幅広い学識に宮司も期待されたと思います。

西高辻宮司、中野先生夫妻と（昭和44年）

こうして、太宰府天満宮文化研究所で宝満山研究がスタート。私は竈門神社の神職、和田満太郎さんのご協力で福岡都市圏に散らばった宝満山伏の消息を追跡取材。子孫のお宅に通い詰めては史料を筆写したり、話を聞いたりする作業を始めます。

その作業の前提となる、この山がのみ込まれた歴史的な事実を話しておきましょう。宝満山などで中世以降に展開された修験道は、明治新政府の修験道禁止令で廃止されます。江戸時代、宝満山に二十五あった坊（山伏の拠点）もすべて閉鎖。山を下りた山伏たちは僧侶や神主、あるいは教師、農民になるなど、苦労しながら新しい道を歩き始めるのです。ただ、修験道が禁止されても元山伏の子孫のなかには峰入り本などを保管している人がおられました。井本坊の井本菊次郎さん（太宰府市）、永福院の高橋信明師（新宮町）、叶院の江上了恵師（福岡市）などです。

史料解読などで見え始めた修験道、それを包み込んだ宝満山の歴史は濃密で、魅力にあふれていました。

山に曼陀羅を布《し》く

筑紫野でもひときわ高く、美しい宝満山。この山の研究を中野幡能大分県立芸術短期大学教授と始めた私の役割は、史料探索や解読が主でした。集めたデータを中野先生に送る地道な作業。それでも、見つけた史料で従来の伝説が歴史的事実として確認できた時はうれしかったですね。

京都の聖護院（江戸時代に宝満山伏を統括）も訪ねました。一週間ほど滞在しては、蔵の中に山と積まれた古い日録類を繰り続けました。約一カ月かけた調査で「竈門山」や「楞伽院《りょうがいん》（江戸時代の宝満山の座主）」の文字を見つけた時などは「あった！」と喜びいっぱいで、鉛筆でカードに書き写したものです。

さて、その宝満山伏ですが、前にも述べたように、十三世紀の蒙古襲来以降、「験力《げんりき》」を求めて厳しい山岳修行に励む山伏は、社会不安を背景に信仰の裾野を広げていきます。

験力ってお分かりでしょうか？　超自然的なマジカルパワーの意です。自在に空を飛ぶなどというのは大げさにしても、天体の動きを読み、峰々を渡る脚力や情報収集力は、武士の諜報活動に役立ったことでしょう。病気の庶民には祈禱や薬草などが大いに頼りにされたと思われます。今もある腹痛薬「陀羅尼助丸《だらにすけがん》」は修験者が処方した薬の名残です。

修験道の開祖は奈良時代に葛城山（奈良）に実在した役行者《えんのぎょうじゃ》。宝満山も多くの霊場と同様、役行者が創始者とされます。彼が修行した、と伝えられる窟なども山中にあります。九州では同じ福岡の彦山（英彦山）、求菩提山、佐賀の脊振山が霊山で有名です。紀伊半島の大峯、葛城山での修験道になぞらえ、いつからか彦山を胎蔵界、宝満山を金剛界として、峰入りが行われていました。

ちょっと難解ですが、修験道の本尊である「大日如来」の二つの相対する世界を表すのが陰（母）の胎蔵界（慈悲、真理）と陽（父）の金剛界（知恵）。両界に見立てた二つの山から山へ、曼荼羅《まんだら》（大宇宙を諸仏諸尊の配置で図像化したもの）を当てはめ、峰入りをするのです。

太宰府市高雄から見た宝満山全景
（栗原隆司氏提供）

もっと分かりやすく言うなら、大自然に曼荼羅を布き、宝満山から彦山までの峰や岩、樹木などを曼荼羅の諸仏諸尊（宇宙）と見立てます。そこを巡りつつ修行することで、金剛、胎蔵両界への到達（生まれ変わり）を目指す、というわけです。

結婚、出産の合間に

昭和四十七（一九七二）年から、私は宝満山研究の経過報告を兼ね、太宰府天満宮社報「飛梅」に「宝満山歴史散歩」の題目で連載を始めます。

前年の四月、実は私は結婚しました。相手は天満宮の神職森五郎。同じ昭和四十四年採用で年齢も私と同じ。宝満山をライフワークにするはずだったのでは？と疑問に思われるかもしれません。専業主婦願望が私にあったのです。西高辻信貞宮司の宝満山研究をとのご助言を受け止めてはいました。でも研究一筋にとの決意までは正直ありませんでした。

むしろ、博多商人の両親の下で「女は二十三歳ごろまでに結婚して当然」という、当時の〝時代の空気〟に染められていたような気がします。しかも、父は「商売人でなくて長男でもない、できれば袖の長い衣（神仏に仕える）の男を」と、理想の婿の条件まで私に告げていました。

佐賀県出身で学校教諭の五男の夫は、父の希望にぴったりでした。夫は皇学館大学の学生時代、文化祭実行委員の役員をした際に西高辻宮司に講演を依頼。その縁でスカウトされたとか。そういう経緯もあってか、宮司は私にいつも「森君はいいよぉ」とおっしゃっていました。

天満宮が「西日本宗教学会」事務局を任された時に一緒に裏方をしたり、天満宮職員の英会話教室で机を並べたりして、夫の誠実な人柄に引かれてはいました。でも、当時二人とも二十代前半と若く、互いに結婚は意識していなかったと記憶します。いわば夫も私も、父や宮司に背中をドンと押され結婚したようなものです（以来、夫に「押しかけ女房」と冗談気味に言われてきました）。

そして昭和四十七年から五十年にかけて満智《まち》、香枝《かえ》、依里《えり》、大郎《たろう》の一男三女に恵まれます。最初の子を身ごもった時、私は天満宮に退職願を出します。しかし、宮司や小鳥居寛二郎権宮司に「あんたには先でいろいろやってもらわんといかん」と言っていただき、非常勤嘱託で残ることになりました。この時、辞めなかったおかげで、宝満山研究を続けてきた今の私があります。本当に感謝です。

夫と４人の子どもたちと（昭和55年ごろ）

というわけで、結婚・出産の合間に社報「飛梅」でも連載を始めました。夫が社報編集を担当。連載も夫から勧められたのでした。この連載が宝満山での峰入りなどの本格復興につながっていきます。

初めての本を出版

私の長女出産は昭和四十七（一九七二）年七月。太宰府天満宮社報「飛梅」での「宝満山歴史散歩」連載は同年六月号から。専業主婦願望だったのに、家事・育児に宝満山研究、と慌ただしい現実が始まりました。

私に連載を勧め、タイトルも決めてくれた夫は、私の研究に理解がある半面、目の前で妻が仕事をするのは嫌いな関白タイプ。原稿書きは家事の後、家族が寝た後にしました。

大変だったといえば、宝満山の歴史を裏付ける史料が少なかったのもそうでした。昭和三十五年発足の「宝満山文化綜合調査会」が頓挫した理由の一つも、史料のあまりの少なさから。雲をつかむような状態でしたが、前にも話した通り、福岡都市圏に散らばった宝満山伏の子孫や山伏を統括した京都の聖護院を訪ねるなどして、少しずつ史料が集まります。「情報を」と発信していると、誰かが応えてくれるものです。

父の友人だった郷土史家筑紫豊先生からは「筑前国続風土記」や「太宰管内志」などの書物を教えていただきました。所蔵史料を見せてもらった同じ郷土史家の橋詰武生先生など、いろんな方々のご協力で宝満山の歴史が輪郭を現してきました。

連載開始から二年後の昭和四十九年のある日、当時、太宰府の御笠川河畔に住んでいた葦書房の久本三多《さんた》社長が、天満宮にあいさつにみえます。意外な展開の始まりでした。

久本さんは当時三十代で、出版社を起こして四年目のころ。はにかんだような笑顔が印象的でした。とつとつと、しかし秘めた情熱があふれるように語る久本さんを前に、西高辻信貞宮司はこうおっしゃったのです。

『宝満山歴史散歩』を出版したころ

「地元の出版社は応援してやらんと……。森さんの連載、あれをまとめて一冊の本にしてもらおうよ」
「中野幡能先生の宝満山研究の本が出ていないのに、私の本が先に出るのは……」と尻込みする私に、宮司は「研究は研究として、宝満山の素晴らしさを普及させる本も必要」と説かれました。
こうして翌五十年八月、三年間（計三十六回）の連載分に加筆した上で、同社から新書判の『宝満山歴史散歩』が出版されました。私は、過去の薄暗がりに埋もれていた宝満山の素晴らしい歴史に光を当てたい、それを読者に知っていただけたら幸せ、という思いでした。

宝満山修験会成る

私が初めて出版した小さな本『宝満山歴史散歩』の波紋が、少しずつ広がります。何より画期的だったのは「宝満山修験会」（会長・西高辻信貞太宰府天満宮宮司）の結成。宝満山でかつて行われていた修験道の修行の「峰入り」と「採燈大護摩供」の復興を期してでした。本の刊行から七年後の昭和五十七（一九八二）年のことです。

復興までの経緯をご理解いただくため、明治政府の修験道禁止令（明治五年）の背景を話しておきましょう。

「祭政一致」を掲げる明治政府は、全国の神社・神職を原則として新設の神祇《じんぎ》官の管理下に置き、一方で神仏分離令を出して明確に仏教と切り離します。国家神道政策ですね。それが各地の寺院や仏像を破壊する廃仏棄釈の暴挙につながります。二十五の坊があった宝満山からも、山伏たちは下りざるを得なくなります。当局などの手で山中の木像や仏具類は焼かれ、五百羅漢像などの石像は首を取られたり、谷に突き落とされたり……。貴重な磨崖梵字《まがいぼんじ》も多くがえぐり取られてしまいました。

そもそも修験道は、古来の山岳信仰を基に神道や仏教、道教を融合した宗教。「文明開化」を目指す政府は特に、験力や祈禱などで民衆の信仰を得ていたこの修験道を「前近代的」と敵視したのかもしれません。

山伏が僧侶になる場合は、天台宗か真言宗への帰属を命じられます。でも、日々の生活で神仏習合になじんでいた民衆の抵抗で、廃仏棄釈の嵐はやがて沈静化。修験道も徐々に息を吹き返します。信仰心を政治がコントロールできないのは、古今東西の歴史が示している通りです。私が史料を探して訪ねた子孫宅に「峰入り」の本が大切に残されていたのも、いずれその修行を復興させたいという強い思いからでしょう。

絵巻物により再現した修験の装束を着用しての
宝満山修験道先達位の任命式（平成19年）

昭和五十五年、太宰府天満宮文化研究所は中野幡能編著『筑前国宝満山信仰史の研究』を刊行。私が研究所に入る端緒となり、史料収集などを手伝った宝満山研究の集大成です。これ以降、宝満山の修験道再興を願う山伏の方々が訪ねてこられるようになります。

地元の郷土史家の筑紫豊先生は常々、こうおっしゃっていました。「私が生涯をかけてやりたかったことは、明治以来、政治に利用された神を人々に返すことです」。

命脈を保った修験道

古代から宝満山中で繰り広げられてきた宗教的な精神世界。それを断ち切る明治政府の修験道禁止令でしたが、その後も元山伏の方たちの復興願望は根強かったようです。

明治二十二（一八八九）年、元宝満山伏で京都の聖護院の配下にあった永福院の高橋賢俊師（福岡県新宮町）が、県知事への許可申請などに奔走して峰入り。昭和三（一九二八）年にも、昭和天皇即位記念の峰入りがあるなど、明治–昭和に何度か宝満山で修行が行われています。

江戸時代までの峰入りは、以前話したように本尊である大日如来の胎蔵界を彦山（英彦山）に、金剛界を宝満山にそれぞれ当てはめ、焼き物の里・小石原を両界の接点として、宝満–彦山往復一三〇キロを七十五日間かけて巡る厳しい修行でした。これに対し明治期や昭和初期の峰入りは一週間。それでも地元民衆から多くの寄進を受け、護摩供には大勢の見物人が集まったそうです。

昭和五十七年の「宝満山修験会」結成は、こうした経緯を経て実現しました。ただ、問題がありました。山伏の宗派が複数だったのです。宗派が違えば作法も違います。協議の結果、宗派を超えてやる、と決定します。

山伏をまとめたのは本行院（福岡市）の藤野玄澄・賢隆さん親子。同寺は三井寺（滋賀県）から明治期に「離散した天台系山伏の統括を」と新たに寺名を与えられた寺です。

元山伏の「また宝満で護摩を焚きたい」との願い、竈門神社宮司兼務だった西高辻信貞宮司の「宝満山を再び信仰の山に」という思い、本を出した私の「修験道に光を」の気持ちが一つとなり、修験会結成にこぎつけたのでした。

昭和天皇即位記念の宝満山峰入り（本行院提供）

本の出版から修験道復興となったのは、同じ福岡の求菩提山と元美術教師の重松敏美さんの場合もそうです。『求菩提山修験文化攷《こう》』（昭和四十四年）などの本を刊行した重松さんは「西日本山岳修験学会」を立ち上げ、求菩提資料館（九州歴史資料館分館）の初代館長なども務められました。

研究者の理論的な裏付け、体系化が復興を支えた形です。昭和初期の宝満山峰入りも、郷土史家、木下讃太郎氏の支援で実現しています。

こうして、宝満山の開祖・心蓮《しんれん》上人の千三百年遠忌《おんき》（遠年忌）にあたる昭和五十七年五月、修験道本格復興の日を迎えます。

五感で修行初体験

その日は朝から快晴でした。昭和五十七（一九八二）年五月十日。宝満山の開祖とされる心蓮上人の千三百年遠忌、太宰府市制施行記念も兼ねた宝満山修験会主催の「峰入り」の日です。約百人が、初夏の陽気に包まれた竈門神社に集まりました。天台系のみならず真言系の修験者、それに一般登拝者の姿もあります。「山伏と一緒に宝満山に登ろう」と事前にアピールした成果でした。

まず本殿で出立勤行《しゅったつごんぎょう》。新聞社やテレビ局も取材に来ています。頭巾やほら貝など山伏の衣装や持ち物が好奇心を刺激しているようでした。宝満山特有の石段を「懺悔《さんげ》、懺悔、六根清浄《ろっこんしょうじょう》」と唱えながら登っていきます。前に紹介したように「結界《けっかい》」である一の鳥居で、新たによそから来る者の知識を宝満山の山伏が試す入山問答。上宮近くのキャンプセンターで行う休憩時の私の解説も、この初回の時から始めました。

その二週間後、今度は採燈大護摩供です。峰入りも印象的でしたが、護摩供により深い感銘を受けました。竈門神社本殿前に築かれたヒノキの護摩壇に火が付けられると、煙がもくもくと上がります。竜が空へ昇るように壮観です。内部から炎が燃え上がり、大きくなって今度は火の鳥が羽ばたくようにも見えます。護摩壇にはお香が入っており、ヒノキやお香のにおいが辺りに立

修験道復興時の宝満山峰入り（上宮にて）

ち込めます。護摩壇の周りでは山伏の読経や錫杖《しゃくじょう》、太鼓、ほら貝の音が……。文字通り、視覚、嗅覚、聴覚など五感がそれぞれ刺激されて、打ち震えるような高揚感にとらわれました。

「エクスタシー（法悦）の境地ですね」と、佐々木哲哉先生（民俗学・彦山研究）はおっしゃいました。

採燈師（本行院の藤野玄澄さん）が両手の指をさまざまに組み合わせて結ぶ印《いん》も、神秘的に見えました。燃え盛る護摩壇の火の中に、参詣者持参のさまざまな願い事を書いた細長い護摩木を、山伏の面々が加持祈禱して次から次へ投げ入れます。

この時は記念の催しだったので行われませんでしたが、翌年から、燃え尽きた護摩壇を崩しての「火生三昧《かしょうさんまい》」も行われます。熱の残る灰の上をはだしで歩く「火渡り」です。火渡りを体験した私は、身も心も自然に委ね、悩める者のために祈る修行なのだと理解しました。

修験道が再び定着

宝満山での峰入りと採燈大護摩供が無事、終わりました。神職と山伏が一緒に護摩の用意をするなど、昔の神仏習合と同じ状態が再現され、私はひとときの達成感に浸りました。後で知ったのですが、復興後、まとめ役だった福岡市の本行院に手紙が届いたそうです。差出人は竈門《かまど》神社宮司との兼務だった西高辻信貞太宰府天満宮宮司。「峰入りなどを竈門神社例大祭として続けてほしい。神社として支援します」との内容だったとのこと。宮司の心境は痛いほど分かります。

話は明治新政府による神仏分離令にさかのぼります。宝満山二十五坊の山伏たちは、廃仏派と奉仏派の二派に分裂し、対立します。そのころ、国は全国の神社を「官幣大社―同中社―同小社―国幣大社―同中社―同小社―府県社―郷社―村社―無格社」とランク付けし、宝満山の上宮は村社、下宮は無格社とされます。かつて九州の総鎮守とされ、福岡（黒田）藩の祈禱所でもあった宝満山の社が、こんな低い位置付けとは信じ難いこと。思うに、元山伏の分裂で宝満山の歴史が当局に伝わっていなかったのではないでしょうか。

明治二十八（一八九五）年、内外の識者などの努力で、竈門神社は下宮・上宮一体として官幣小社に昇格します。が、信仰の山としては依然影が薄いまま、今日に至っています。「昔日の信仰の山としてのにぎわいを」と西高辻宮司が望まれたのは、そういう背景を踏まえてでした。

宮司だけでなく修験道の修行継続を望む声は多く、毎年五月の第二日曜日に峰入り、最終日曜日に採燈大護摩供が催されるようになります。

除幕式の後、中村旭園さん、小原菁々子さんを囲んで

平成二（一九九〇）年五月七日、竈門山寺跡の山際に建立された「宝満山修験道復興之碑」の除幕式がありました。碑にはホトトギス同人だった小原菁々子《こはらせいせいし》さん作「竈門山」の詞が彫られています。毎年の護摩供の日、この詞に曲を付けた琵琶歌を演奏奉納される筑前琵琶の中村旭園《きよくえん》さんが、この日もその歌を披露されました。

「竈門の山は神鳴りの……」と歌われた次の瞬間、雷鳴がとどろき、辺りを揺るがしたのです。偶然の自然現象とはいえ、まか不思議なこと。これは自然と人と神が一体となる修験道の定着を山の神も祝っているのだ、と私はうれしくなりました。

山頂で国家的祭祀

宝満山の話をもう少し続けます。私は『宝満山歴史散歩』の全面改訂版を、二十五年ぶりに再び葦書房から出版します。平成十二（二〇〇〇）年五月のこと。同社から再版の話があり、全面差し替えをすることにしたのです。その理由は、初版刊行時から二十年余を経て宝満山中での考古学的な調査の成果が挙がっていたこと、文献的にも宝満山信仰史の流れを裏付ける史料が出てきていたこと、などです。

前にも話しましたが、昭和三十五（一九六〇）年に地元の学識者の方々が宝満山文化綜合調査会を結成したものの、十分な成果を出すことなく、頓挫していました。

六班で構成された調査会で唯一、成果を出したのが遺跡・遺物班でした。同班は宝満山の上宮周辺（山頂下の岩棚テラスなど含む）や下宮付近を調査。①岩棚テラスから和同開珎《かいほう》など皇朝銭や奈良三彩など彩釉《さいゆう》土器が出土、上宮付近で国家的な祭祀が行われたことが判明、②大宰府政庁で使われた鴻臚館式瓦が採取されていた下宮付近の礎石群一帯で講堂クラスの建物跡を確認、最澄が唐に渡る前に参籠《さんろう》して薬師仏を彫ったとされる「竈門山寺」跡の可能性が浮上、などの成果を挙げたのです。ただ、本体の文化綜合調査会が頓挫したため、発掘調査結果をまとめた報告書は出されないままでした。

九州大学助手として参加された小田富士雄先生（現福岡大学名誉教授）は「ぜひ報告書を出すべきだ」と主張。これが昭和五十七年、小田先生編「宝満山の地宝」の刊行につながります。

この報告書では、もう一つの注目すべき遺構も紹介されています。

下宮から東北に約七〇〇メートルの尾根先端部の平地（標高二八〇メートル）で昭和五十六年、地元の小西信二さんによって発見された六所宝塔の一つ「安西筑前宝塔院」とみられる遺構（基壇の一部、建物跡の礎石など）です。

宝満山を研究された小田富士雄先生

六所宝塔は、最澄が「奈良時代の国分寺・国分尼寺に代わり、法華経の功徳で日本に平和で豊かな王道楽土実現を」との理想を掲げて発願《ほつがん》、中央（比叡山）と辺境の計六カ所に設置されます。宝満山には承平三（九三三）年建立、との記録が残ります。

改訂版では、明治政府に禁止された修験道の本格的な復興はもちろん、新たに輪郭が分かってきたこの山のそうした歴史も書き込みました。

最澄の足跡を再現

宝満山麓にある「安西筑前宝塔院」跡とみられる遺構は太宰府市教育委員会が平成二十（二〇〇八）年、一帯を再び発掘調査しています。その結果、約二五メートル四方の基壇の上に一辺が約八メートル四方の礎石、基壇南側の前面に約二〇メートル四方の広場などが新たに確認されています。瓦や土師器、小金銅仏（高さ一二センチ）も出土。遺構の年代は文献に残る建立時期（十世紀）とほぼ合い、ここに最澄発願《ほつがん》の六所宝塔の一つがあったとの推定が補強された形です。

では、宝塔院はどんな形態で、どんなことが行われたのでしょう。

記録によると、宝塔は多宝塔で、塔の上層には国内で書写した法華経一千部（八千巻）を納め、下層では僧侶が法華経などの読経を続けて「福利国家」を祈ったそうです。平安から鎌倉にかけての宝満山は、かつて参籠《さんろう》した最澄が開いた天台宗の寺院が中心だったのですね。

彼に師事し、自らも唐で密教を学んだ三代座主《ざす》・円仁も訪れ、平安後期以降は「大山寺《だいせんじ》」（有《う》智山《ちやま》寺）が日宋貿易などで繁栄しました。十二世紀初めには、豊かな同寺を比叡山と石清水八幡宮が奪い合ったほど（結局、比叡山の末山に）。寺の荘園の貿易利権をめぐる争いでした。

戦国時代に入ると、地元の武将・武藤少弐が宝満山中に有智山城を築き、寺院も争いに巻き込まれます。戦乱で疲弊した山からは、最盛期三百七十あった坊（学問を専らにする衆徒方三百、修行を専らにする行者方七十）も次第に減少。江戸時代には、天台系を中心に行者方二十五に減ります。それが明治維新まで存続した修験道山伏の坊というわけです。

宝満山に建立された多宝塔の開眼法要（山村信榮氏提供）

天台宗にとって宝満山は大切な場所。竈門神社下宮がある内山地区に昭和六十二（一九八七）年、高さ五・八メートルの最澄像が建立されたのも、その歴史を踏まえてのことです。

海を向いた銅像の傍らには、同じ時期に尼寺「妙香庵」も建立され、森妙香住職が像守をされています。

さらに平成二十一年、天台宗総本山延暦寺が宝塔跡と推定される遺構一帯の山林を買収。遺構近くに石造りの多宝塔が建てられ、開眼法要が行われました。

六所宝塔のうち所在地とみられる場所の発掘調査が行われ、遺構とほぼ特定されたのは、全国でも宝満山だけ。延暦寺がいかにこの山を重視しているかがお分かりでしょう。

脊振山に浄土を見る

最澄ゆかりの宝満山に新たな拠点を築いた天台宗とは、私もご縁があります。昭和五十（一九七五）年刊行の『宝満山歴史散歩』で最澄と山の関連を紹介したのがきっかけ。今は長野県・善光寺副住職の菊川春暁師のご紹介で京都のテレビ番組「比叡の光」に出演したり、天台宗の会合で作家の永井路子さんと一緒に講師を務め、九州の最澄ゆかりの地を巡るツアーに参加したり……。多宝塔が開眼し、現地の天台宗寺院・妙香庵の森妙香さんは「宝満山に再び、仏法の灯火《ともしび》がともるようでうれしい」と喜んでおられます。

宝満山に最澄が残したもう一つの大きな足跡である「竈門山寺」の方は、まだ調査が現在進行形です。同寺に最澄が唐に渡る前の延暦二十一（八〇二）年（平安前期）、参籠《さんろう》して薬師仏を彫った、との記録が残ること、宝満山文化綜合調査による発掘調査の報告書「宝満山の地宝」で小田富士雄福岡大学名誉教授が、山麓の竈門神社近くの「下宮礎石群」がその寺跡ではないか、と指摘されたことなどは前に話しました。一帯を太宰府市教育委員会が平成二十一（二〇〇九）年春、再調査。その結果、観世音寺講堂に次ぐ古代九州で最大規模の礎石建物跡が再確認されています。

私は、その建物跡などがある宝満山麓の内山一帯が、西にそびえる脊振山（佐賀・福岡県境）

冬至の日、脊振山頂に沈む夕日

を望む位置にある点に以前から心引かれています。というのは、西（つまり脊振山）を向いて香をたきしめ、読経しながら死を迎えた宝満山の僧侶の話が、往生伝や高僧伝に散見されるからです。

修行僧はこの辺りから、脊振山のかなたを「極楽浄土」とみなし、夕日に阿弥陀如来を見る「日想観《にっそうかん》」をしていたのではないか。日想観とは、釈迦が唱えた極楽浄土を観想する十三の方法の一つ。特に日想観は日本人古来の太陽信仰と結び付き、広く行われたようです。平安時代に日本に入った、自然との一体感を重視する浄土教が根本で、日本人の感性に合ったのでしょう。「山越え阿弥陀」（山を越えて衆生を救いに来る阿弥陀）の図は、この信仰を象徴したものなのです。

ある冬至の日。私は竈門下宮の南、内山の大門地区から日没を拝みました。脊振山頂に沈む夕日は、阿弥陀如来の後光かと見まがうばかりの輝きで、胸に焼きつく光景でした。

平石坊と仙厓和尚

「満山岩石多くして其《その》形勢良工の削なせるが如し」と福岡藩の儒学者貝原益軒に言わしめた宝満山。この山が古代以来、国家的祭祀から民間信仰まで宗教センター的な機能を担ってきたことを、これまでの話でお分かりいただけたでしょうか。

私の印象に残る二人を紹介し、宝満山の話に一応の区切りをつけます。

まず、平石坊弘有。近世の宝満山中興の祖とも称される有能な人物で、万治元（一六五八）年に宝満山伏の衆頭に選ばれています。彼は当時二十歳前後。戦乱などで何度も出火した山中の講堂や鳥居を再建。講堂の本尊観音像や仏頂山の心蓮上人石像、大般若経、御供器など山での修行や祭事に必要なものも整備しています。

最大の功績は、この山の縁起（沿革）をまとめ、山の格式を整えたこと。宝満宮草創千年祭も挙行します。彦山（英彦山）との間で争われた本末論争では「宝満山は彦山と同格」と主張し、京都聖護院の末山に入ります。修験は中央修験とつながる彦山が先輩格だとしても、それまでの歴史は、かつて竈門宮が「九州総鎮守」とされたように、宝満の方が由緒深いという弘有の自負、復興・自立への熱い思いがうかがえます。

もう一人は博多聖福寺の仙厓《せんがい》和尚（一七五〇―一八三七年）。飄逸洒脱《ひょういつしゃだつ》な人柄や書画で「仙厓

仙厓和尚が「仙竈」と大書した竈門岩

さん」と敬愛された僧で、美濃（岐阜県）出身の彼も宝満山に度々登っています。初めて登ったのが六十五歳の時というから驚きです。観音信仰のあつい仙厓さんは、この山の神・玉依姫の本地《ほんじ》仏が観世音菩薩と聞いて感激。山上の坊舎に泊まったりもしています。

　こんな遺偈《いげ》（高僧が臨終の際に作る詩）を彼は残しています。

来る時来る処を知り
去る時去る処を知る
懸崖《けんがい》に手を撒《さつ》せざれば
雲深くして処を知らず

　奥深い意味は私のような凡人にはうかがい知れませんが、後半は宝満山を詠んだ詩に似ています。

乾坤《けんこん》の内宇宙の間
中に一宝ありて形山に秘す
孤危を立せず峰峭々《しょうしょう》
懸崖に手を撤して好く登攀《とうはん》

巨岩が切り立ったこの山の特異な姿、自然を宇宙そのものと受け止めたのでしょう。山頂近くの竈門岩に「仙竈」と大書、彫り込んだことにも思いの深さがうかがえます。

その仙厓さんに共鳴してやまなかったのが私の父、石村善右《ぜんゆう》でした。

市民参加の
まちづくりへ向けて

父、仙厓師に心酔

父、石村善右《ぜんゆう》が聖福寺（福岡市）の仙厓《せんがい》さんを知ったのは、書がきっかけでした。十八歳のころのことです。

福岡商業学校を卒業した後、旧制長崎高等商業学校への推薦入学が決まっていたのに辞退。鶴乃子本舗「石村萬盛堂」の二代目として家業を助けつつ、弟や妹の面倒も見たそうです。店は福岡市の対馬小路にあったオッペケペー節の川上音二郎さん（新派俳優、一八六四－一九一一年）の旧宅の一角を借り、営業していました。

ある日、父は若妻風の女性客から「『粗品』と書いて」と頼まれます。筆を握ったのはいいのですが、あまりの下手さに女性から「私が書きます」と筆を取り上げられたとか。その時の恥ずかしさが、父が幻住庵（仙厓さんの隠居寺）の龍渕韜光《たつぶちとうこう》住職から書と禅を教わる出発点でした。

ただ、一年間は「一」の文字だけ書かされたそうです。夜間通った寺で仙厓さんの逸話を聞かされます。俗物、成り金、侍が嫌いで、機知に富んだ言葉や書画を残し、恬淡《てんたん》と生きた仙厓さん。その生き方に心の琴線を震わされた父は、仙厓さんの研究や書画の収集に情熱を傾けます。努力の成果が出たのでしょう。書では日展入選六回、毎日書道展・県展無鑑査の成績を残しています。

民謡も好きで、母に隠れて偽名でラジオの九州大会に出て優勝、ＬＰ盤まで出す入れ込みようでした。私も少女時代、父に「正調博多節」などを特訓されました。

最も私が影響を受けたのは歴史好きな点でしょうか。やはり少女時代、海辺に行って志賀島を望みながら、豊臣秀吉時代に活躍した神屋宗湛など博多商人や商家に生まれながら学問に励んだ奥村玉蘭の話を聞かされ、出張の土産は歴史小説。京都女子大学で史学を専攻したのも父の勧めでした。

仙厓「犬図」（福岡市美術館蔵「石村コレクション」）

父の死後、石村家は仙厓さんの書画九十六点を福岡市美術館に寄贈します。寄贈作品の図録の解説を仙厓研究家の三宅酒壺洞《しゅこどう》（本名・安太郎）さんが引き受けてくださいました。また、父の遺品の中から仙厓逸話をまとめた原稿百七十枚が出てきたので、こちらはやはり郷土史家の筑紫豊先生のご尽力で『仙厓百話』（文献出版）として出版しました。

「死ぬまでには仙厓さんの境地になりたかぁ。もう一歩と思うばってん、あの線が出せん」。床の間に掛けた書画を眺めてはそう漏らした父の言葉が、今も記憶に残ります。

理想の博多商人像

「あたき（私）は博多商人て呼ばるうとが一番うれしか」

父は常々そう言っていました。

いわゆる博多商人とは古代以降、博多の地で商業貿易などに携わりつつ、独特の自治組織や町人文化を培ってきた商人のことを指します。父が伝統の夏祭り・博多祇園山笠に大黒流の一員として熱中し、書や禅、歴史、民謡など多趣味だったのも、今思えば、理想の博多商人像を胸に秘めていたからなのでしょう。商いの拠点であるコミュニティー（地域社会）を大事にし、文化への造詣も深い商人であろうという……。

母美智子は昭和十七（一九四二）年、福岡市の旧中庄町から嫁いでいます。戦時下で石村萬盛堂は休業中。戦後、疎開先の旧筑紫村から博多に戻って再建のスタートを切ります。

萬盛堂には、明治時代に創業した祖父善太郎が考案した人気商品「鶴乃子」があります。卵の黄身を使うお菓子「鶏卵素麵《そうめん》」を作る時に残る白身を活用し、ゼラチンで柔らかいマシュマロを作り、その中に黄味餡《あん》を入れたお菓子が「鶴乃子」です。

とはいえ、外を出歩く父を「ごりょんさん」として支え、社の実務も仕切った母は大変だったようです。

従業員の方たちには気配りの行き届いた母でしたが、私には厳しかったですね。怒られてばかりでした。父にしかられた記憶はないのに。

祖父に話を戻すと、研究熱心でアイデアをよく紙に書き留めた祖父の家訓は「花持ちし　人よりよくる　小道かな」。人と争うのが嫌いで「研究せよ」が口癖だったとか。

後を継いだ父は「事業亦《また》報恩行」（商売は金もうけだけが目的でなく、周りへの恩に報いることでもある、の意）を座右の銘としました。

稚児姿で父、弟と（櫛田神社）

私の弟で萬盛堂三代目の僐悟《ぜんご》は、バレンタインデーのお返しをする「ホワイトデー」を提唱したアイデアマン。経営理念は「守破離《しゅはり》」（原点を学び、その上でそれを打破し、独自の物を創造する）だそうです。

グローバル化の中、博多商人の方々には伝統の「心」を次代に継承してほしい。それが私の願いです。

父の信仰生活と私

父善右は熱心に法華経を信仰していました。きっかけは四十九歳のころ、体調がすぐれなかったことから。占い師に人相を見てもらったところ、「厄落としに日蓮宗の荒行場に行きなさい」と勧められます。その言葉に従い、山梨県の身延山久遠寺などを訪ねて荒行中の僧侶に祈禱を受けた父は、体調を回復。以来、母と毎月一日に佐賀市のお寺に行っては修行に励みました。その傍ら「入所者の皆さんの心のよりどころになれば」と、国立ハンセン病療養所・菊池恵楓園（熊本県）に法華堂を建て、寄贈するなどします。

父が写経に励んだのも、信仰心の発露からでした。書家で古写経研究で知られた田中塊堂さんに直接教わるため、大阪まで通う熱心さ。六十代のころ、九州最古の寺とされる武蔵寺（筑紫野市）の経塚の盗掘被害が判明。親交のあった井上《え》亮範《りょうはん》住職の「何とか経塚を次代に伝えたい」という思いに賛同した父は、有志の方々と写経会を続け、経筒に納めて経塚を復興させました。経筒とは、平安時代の末法思想（仏教が衰え世の中が乱れるとする思想）を背景に、五十六億七千万年後の弥勒菩薩の再来に備えて経文を納めた筒。古代人からの未来へのメッセージに父は共感したのでしょう。

父は、太宰府天満宮にも写経した法華経を奉納しています。祭神の菅原道真公も存命中に法華経を写経したと知って感激し、亡くなる直前まで写経を続けて奉納したのでした。
一方で、博多山笠など祭りの時に使う幟《のぼり》を揮毫《きごう》して櫛田神社に奉納しており、父が、がちがちの法華経信者だったわけではありません。

博多祇園山笠の法被姿の父と一緒に友人たちと

「わけ登る麓の道は多けれど同じ高嶺の月を見るかな――」。世の中にはいろんな宗教・宗派があるけれど、帰するところは一つなんだよ」と口癖のように私に言っていました。
菅原道真公はこう詠んでいます。

心だに誠の道にかないなば祈らずとも神や守らん

また、西行法師は足を運んだ伊勢神宮でこう詠みます。

何ごとのおはしますかは知らねどもかたじけなさに涙こぼるる

大いなる宇宙に連なる存在、この世に生かされていることを感謝し、心豊かに生きることができれば幸い。それが、父の熱心な信仰を間近で見てきた私の思いです。

DNAを受け継ぐ

人脈の面でも私は父を通じていろんな方々と出会い、影響を受けました。少女時代の私が特に感性を鍛えられ今も印象に残るのが、甲斐巳八郎《みはちろう》・大策さん親子です。

巳八郎先生は水墨画家で、戦後、中国から帰国。福岡県福間町（現福津市）で絵を描いておられました。その絵にほれ込んだ父の依頼で、わが家に来ては、お菓子の包装紙やレッテルの絵を描いたり、私や弟に絵を教えたりしてくださいました。でも、私は絵が苦手。弟は「良くなった」とほめられるのに、私にはその記憶はありません。

絵より山登りなど野外活動が楽しみでした。野草のヒトリシズカなど自然が好きな巳八郎さんに、近くの福智山や万年山《はねやま》（大分県）によく連れて行ってもらいました。山頂の草原を渡る風がとても爽快でした。

大策さんは私より十一歳上で、中国・大連で出生。福間のお宅に行くと、海に潜って魚をモリで突いていらっしゃった光景が印象に残ります。東京の大学に在学中、世界を放浪。卒業後はアフガニスタンと日本を往来し、油絵や文章（小説やエッセー）でスケールの大きな表現活動を今も続けていらっしゃいます。

巳八郎さんの奥様の弟さんが中村正夫九州大学教授（社会学）でした。先生には後年、県内の民俗文化財保護の活動にお導きいただくのですから、人の縁とは不思議なものです。

　縁と言えば、母の美智子方の親戚にも私が影響を受けた人物がいます。筑紫野市出身の現代詩人安西均《ひとし》。冒頭に紹介した詩「童謡 ―― 太宰府にて」の作者です。そのロマンあふれる現代詩をこよなく愛されたのが、大学を出た私が文化研究所でお世話になった太宰府天満宮の西高辻信貞宮司でした。その宮司と懇意だった彫刻家の冨永朝堂《ちょうどう》さん、郷土史家の筑紫豊さん、三宅酒壺洞さん、橋詰武生さん、俳人の小原菁々子さんなどなど。私が後にお世話になる多くの方々と父が出会わせてくれました。

甲斐巳八郎先生と福智山で

　自分では人見知りと思うのに、いつの間にか交流が広がり、あちこち走り回る私の性格は、父のDNAを受け継いだのかもしれません。

　若いころ、自分は父が敷いたレールの上を走る汽車のようと思ったことがあります。でも今は、父に対して悔いのない人生をと思うのです。

パイプ役になろう

昭和五十（一九七五）年に初めての本『宝満山歴史散歩』を出版した私は、やがて人生の転機を迎えます。財団法人「古都大宰府を守る会」（現「古都大宰府保存協会」）文化部長の拝命です。昭和五十六年のことでした。

この会の設立は、川辺善郎太宰府町長が「太宰府の特別史跡の保存・整備促進のための地元組織」として発案。当時、高松塚古墳が脚光を浴びていた奈良県明日香村の「明日香保存財団」をヒントにされました。発起人には、瓦林潔九州電力社長をはじめ、亀井光福岡県知事ら地元政財界の三十二人が名を連ねられます。

曲折を経て昭和四十九年、太宰府天満宮が基本金を拠出、県と町が補助金を出して財団法人が発足します。国立九州博物館設置期成会の会長でもあった瓦林さんが初代理事長に就任（期成会は昭和四十三年に結成。翌四十四年、千葉県佐倉市への国立歴史民俗博物館建設が内定し、九州誘致は頓挫しますが、期成会は存続しました）。国立博物館誘致とも連動した財団の目的は「太宰府の歴史的風土、文化財の保存及び活用を図る」です。

文化部長の話が私に町教育委員会からあったのは、前任者の藤田敏彦さんがバイク事故で亡くなられたことから。藤田さんが委嘱されていた「町文化財管理指導員」への就任要請が主で、それと兼務での要請でした。宝満山の本の出版で「情報発信役に適任」とみられたのでしょうか。藤田さんは中学校の社会科教師を退職後、市民対象の歴史教室や現地見学会を催すなど、史跡の広報普及に走り回っておられました。

私はまさか自分に話が来るなど思いもしませんでしたし、十年以上在籍した太宰府天満宮文化研究所を離れることにためらいもありました。一方で、私が資料集めなどをした中野幡能《はたよし》先生編著の『筑前国宝満山信仰史の研究』刊行から約一年後のことで、宝満山の仕事は一区切りかなとの思いがあったのも事実です。

筑紫豊先生、梅野祥子さんとともに

私は父の縁で折々に助言を頂いていた郷土史家の筑紫豊先生を病床に訪ねました。「研究も大事だけど、その成果を多くの人に分かりやすい言葉で伝えることはもっと大事です。あなたはぜひパイプ役になって頑張りなさい」と告げられます。その言葉が胸に響きました。

「研究者と住民を結ぶパイプ役になろう!」。そう腹を決めました。転進の潮時だったのでしょう。

激動の大宰府史跡

私が古都大宰府を守る会の文化部長に就任する昭和五十六（一九八一）年以前の大宰府史跡の状況について、話しておきましょう。

一九六〇年代後半、高度経済成長下の日本各地に開発の波が押し寄せます。「開発か文化財保護か」の問題が頻発したのは太宰府も同じでした。象徴的な事例が、国の特別史跡・水城跡と九州自動車道の問題です。

前にも話したように朝鮮半島・白村江で唐・新羅軍に敗れた大和朝廷は博多湾からの敵来襲に備え、水城の大堤（全長一・二キロ、高さ一三メートル、基底部の幅八〇メートル）などを築きます。日本道路公団は、千三百年前の「日本書紀」に記され、緑豊かな大堤跡が現存する全国でも希少な史跡をまたいで高速道を通すというのです。文化庁は高速道が水城の下を通るトンネル案などを提案。「水城を守る会」（委員長・田村圓澄《えんちょう》九州大学教授）も反対署名を集めますが、道路公団は反対派の条件に一部配慮しつつも、予定通り高速道を通します。

この少し前、大宰府史跡の追加指定をめぐっても混乱がありました。

昭和四十一年の追加指定内示（従来の一二ヘクタールから一二二ヘクタールに拡大）から四十五年の正式告示へ。この間、地元住民や町・町議会と県、国の間で緊迫したやりとり、協議が続きます。地元側が「指定されると宅地開発ができない」と不安を募らせた側面はあります。もっと大きかったのが「国は一方的だ」などの不満。四十三年、今日出海《ひでみ》文化庁長官の現地視察時には、政庁跡に反対派の住民が集まり、むしろ旗が翻りました。

大宰府史跡追加指定反対の立て看板
（九州歴史資料館提供）

文化庁は、県教育委員会を事務局に「大宰府史跡発掘調査指導委員会」（委員長・竹内理三《りぞう》東京大学教授）を発足させます。全国から学識者が集まり、手付かずだった大宰府史跡に発掘のメスを入れることになります。

同年九月、奈良国立文化財研究所から福岡県教育委員会大宰府史跡発掘担当として着任されたのが、山形県出身の藤井功さんでした。

そして昭和四十七年、県は太宰府市に「九州歴史資料館」を建設。大宰府史跡の発掘は同館に移管されます。

大宰府史跡の激動期でした。身近で目撃した私は混乱終息から約十年後、激動期を経て問われたテーマ「史跡保存への住民の理解をどう深めるか」に直面することになります。

生涯の友との邂逅

古都大宰府を守る会の設立を後押ししたのは、昭和四十八（一九七三）年の亀井光福岡県知事による太宰府歴史公園整備計画です。明治維新百年記念事業の一環でした。計画で「事業に必要」とされ、発足した財団は、その拠点を建設するための募金を始めます。浄財や補助金で昭和五十五年、大宰府史跡遺構覆屋《おおいや》（通称・大宰府展示館）がオープン。五十六年十月、古都大宰府を守る会文化部長として政庁跡横の同館を拠点に動き始めた私に発奮材料がありました。翌年、町は市制施行を控えていたのです。

私がまず手掛けたのは「遠《とお》の朝廷《みかど》・太宰府絵図」（イラストマップ）。史跡観光地なのに、観光客が手軽に使える地図がなかったからです。絵を描いたのは、地元の主婦長野ヒデ子さん。彼女とは「邂逅《かいこう》」という表現がぴったりの出会いでした。

ある日、私の家に「サインしてくださらない？」と長野さんが私の本『宝満山歴史散歩』を手に見えたのが始まり。近所にお住まいで同年齢の子どももいて、すぐに意気投合。一緒に絵本を作ったり、彼女原作の物語に合わせてそろいのリュックを作ってピクニックに行ったり……。

長野さんは私の五歳上で愛媛県出身。昭和五十三年の第一回日本の絵本賞手作り絵本コンテストで、わが子のために作った絵本『とうさんかあさん』で文部大臣奨励賞を受賞されます。

「太宰府絵図」は、和紙状の上質紙（八つ折りできる新聞紙大）を使用。表は、長野さんが政庁跡など古都のたたずまいをほのぼのとしたタッチで表現。裏は、私の名所旧跡の説明文や私が撮った写真を載せました。昭和五十七年四月の太宰府市制施行記念式典当日、絵図が出席者に配られます。「古地図のような重厚さがある」と、おかげさまで好評でした。

気を良くした二人に葦書房から声がかかります。「太宰府への思いを絵と文で表現しませんか」と。断るはずがありません。同年十二月、画文集『太宰府』（一部・史跡、二部・祭り、三部・今の太宰府）が刊行されます。長野さんは、自ら言う「大好きな私の太宰府」の四季折々の祭りや風景を情感込めて表現されました。

その後、長野さんは関東に移って才能を開花され、今や日本有数の絵本作家に。多彩な表現活動で今も私に刺激を与えてくださっています。

絵図を制作した長野ヒデ子さん（右）と

田村圓澄先生との縁

太宰府市制施行の節目に何かまちづくりのヒントを得たい。そんな狙いから昭和五十七（一九八二）年五月、古都大宰府を守る会は市制施行記念講演会を開きます。講師は、万葉集に詳しい犬養孝大阪大学名誉教授と田村圓澄九州歴史資料館長。お二人はこれ以降、太宰府全般に関する「太宰府学」の市民レベルでの広がりに貢献されます。

この年は、もう一つの節目でもありました。九州歴史資料館の開館十周年だったのです。国立博物館誘致の頓挫で、福岡県が太宰府市に建てた代替施設が九州歴史資料館でした。名称を「九州」としたのは、次の国博誘致を企図してのこと。主な役割は、昭和四十三年の大宰府史跡追加指定の際の混乱をきっかけに始まった史跡発掘調査の継承でした。

奈良から来た藤井功さんの後を昭和四十七年、九州歴史資料館調査課が引き継ぎます。それから十年。史跡の発掘調査などで判明した最新の「大宰府像」を一般市民に連続講座で伝えてはどうだろうか？　田村館長に相談します。

「それはいいこと。ぜひやりましょう」。二つ返事でＯＫでした。

日本仏教史が専門の田村先生と私は、浅からぬ因縁がありました。昭和四十三年六月、母校の筑紫女学園高校で教育実習中だった私は、卒論（中世の八幡神）の助言を求めて九州大学の田村

教育実習時以来の縁の田村圓澄先生と

研究室を訪ねたのです。米軍機F4ファントムが同大構内に墜ちて数日後のこと。現場の騒然とした雰囲気を、今も覚えています。それをきっかけに、九州大学でも大学紛争が激化。学生たちが大学を封鎖し、先生方も学問の意義などについて鋭く問題提起されます。

田村先生も悩まれたようで、研究室から出て在野の郷土史家筑紫豊さんらと交流されます。昭和四十五年、お二人を中心に「宗教文化懇話会」（事務局・福岡市、約百人）を結成。趣意書はこううたっています。

「専門的学者だけの集いでなく、広くこのようなことに（略）深い関心をお持ちの方々をも含めて民学協同の愉しい会を持ちたく考え……」

私も当初から加わり、昭和五十七年からは会報編集を担当します。平成十五（二〇〇四）年、会員の高齢化で解散しますが、この会は、学問を市民と学者が共有した点に画期的な意義がありました。

九州歴史資料館十周年記念で企画した市民講座の原点も、そこにありました。

大宰府アカデミー開講

九州歴史資料館開館十周年記念に市民講座を催そう、という話はとんとん拍子に進みました。テーマは何がいいか、講師は誰がふさわしいか。九州歴史資料館の田村館長や同学芸第二課の亀井明徳さん、私で案を持ち寄って決めました。亀井さんは当時、博物館等建設推進九州会議（昭和五十五年に九州国立博物館誘致推進のため福岡の学界や政財界中心に結成）の機関紙「ミュージアム九州」の編集委員でした。

私たちは、大宰府史跡の発掘開始から約十五年が経過していたその時点で、最新、最高レベルの太宰府に関するさまざまな分野の研究成果を地元内外の市民に伝えよう、という思いで一致していました。ですから、各分野の講師を選ぶのはそう難しい作業ではなかったですね。

講座に組み込んだ学問の分野と主な講師の方々を紹介しましょう。

まず考古学では、当時、九州考古学界の重鎮だった岡崎敬《たかし》先生（演題・文明のクロスロード）や宝満山の調査もされた小田富士雄先生（大宰府の寺院）、現九州歴史資料館館長で東アジア考古学がご専門の西谷正先生（北部九州と朝鮮）、元九州歴史資料館勤務の渡辺正気先生（鴻臚館）など。

文献学では、平安期の京都研究の権威で菅原道真の研究をされ、私が大学卒業後もお世話になった恩師の村井康彦先生（平安時代の大宰府）や古代都城に詳しい八木充《あつる》先生（那津官家《なのつのみや》と筑紫大宰）、宗教文化懇話会などでご一緒だった長洋一先生（朝倉橘広庭宮《たちばなのひろにわのみや》、白村江の戦い）たちに講師をお願いします。

また文芸では、「源氏物語」研究の権威の今井源衛《げんえ》先生（菅公伝説と源氏物語）や後に地元の市民グループ「大宰府万葉の会」を指導された山内勇哲先生（平安文学における大宰府）、天神信仰の伝説の収集などに当たられた民俗学の山中耕作先生（大宰府の説話・伝説）も講師陣に名を連ねられました。美術では、九州各地の仏像彫刻を掘り起こし、私にも多くのことを教えてくださった八尋和泉先生（太宰府の近世美術）や菊竹淳一先生（観世音寺の仏像）などなど。平成二十一（二〇〇九）年に西日本文化賞を受けられた吉永正春さん（戦国時代の大宰府）にも講師に入っていただきました。

講座名は「大宰府アカデミー」に決定。これは亀井さんの案でした。

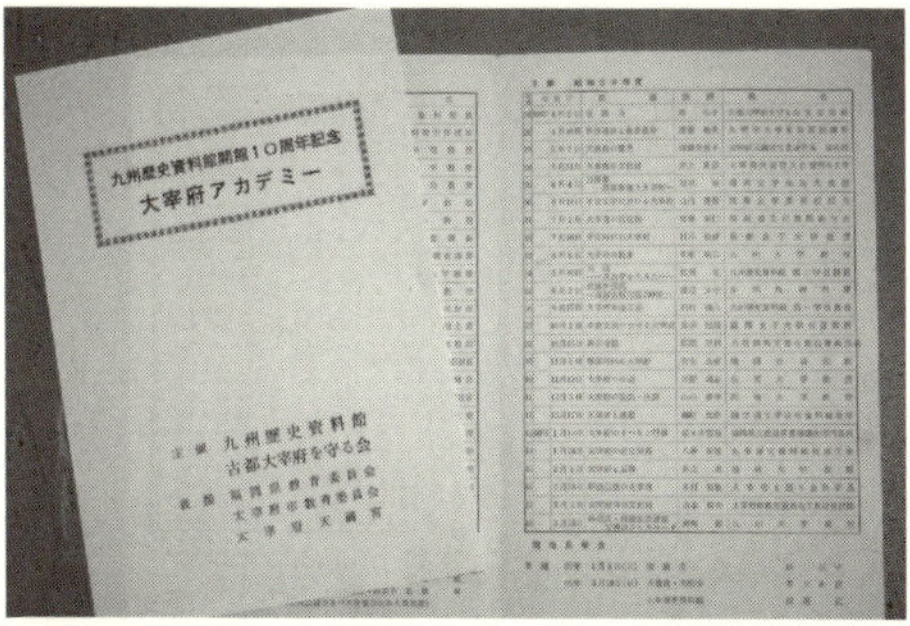

大宰府アカデミーのパンフレット（上）と九州歴史資料館

予想を上回った反響

朝から、古都大宰府を守る会事務局の電話は鳴りっ放しでした。西日本新聞などが「九州歴史資料館開館十周年記念　大宰府アカデミー受講生募集」の記事を掲載。申し込みや問い合わせが殺到したのです。

うれしい誤算でした。当初予定していた募集定員は八十人。それも「集まるかなぁ?」と、不安を抱えながら募集を始めたのに……。結局、受講申込者は約千百五十人。十七～八十九歳の老若男女で、職業も高校・大学教師、僧職、牧師、看護師、税理士、公務員、主婦などさまざま。地元太宰府市など筑紫地区のほか、福岡・北九州両市、佐賀、熊本などからも申し込みがありました。急遽、定員を百五十人に倍増。それでも七倍強の狭き門でした。

アカデミーは、昭和五十八（一九八三）年四月から毎月二回、二年間で計四十八回の専門的な講義、ほかに現地見学会六回というロングランの本格的な講座。受講料無料とはいえ、積極的に手を挙げた皆さんの旺盛な向学心に、本当に驚きました。印象に残ったのは、一番応募が多かった地元主婦の動機に「自分の住む土地の風土や歴史を勉強したい」が目立った点。そこに、史跡保存への市民の理解を広める私の職務の大いなる可能性を感じたのでした。

昭和五十八年四月四日、アカデミー開講当日。定員倍増で、九州歴史資料館から変更された会場の太宰府天満宮余香殿《よこうでん》は熱気で満ちていました。

初回のこの日は、田村圓澄九州歴史資料館館長が「大宰府の成立」と題して記念講演。それに先立ち、大宰府史跡発掘を最初に手掛けた藤井功県文化課長が次のようなあいさつをされました。

「『地方の時代』の基本は自分の足元の土地を知ること。その意味で、このアカデミーは皆さんのその第一歩になるのではないでしょうか」

わが意を得たりのあいさつでした。田村館長の講演も「大宰府と太宰府の『大』と『太』はなぜ使い分けるのか」から説き始められ、受講者に分かりやすい内容でした。

真剣にメモを取る受講生の方々を見て「何とかなる」と私は直感しました。実はこのアカデミー、太宰府学を学ぶだけでなく、それを生かした史跡案内ボランティアの人材育成も、ひそかにもくろんでいたのです。

福原総務部長、山内さん、吉塚事務局長、原野さんとともに、古都大宰府を守る会事務局で（昭和58年）

飾らない竹内理三先生

「こんな専門的な講義を、一般市民が理解できるだろうか?」と危ぶむ声も一部であった大宰府アカデミーでしたが、それは杞憂でした。

私の印象に残る講師の方々を紹介しましょう。まず「大宰府と西海道の支配」の演題で話された竹内理三先生。ご自分が編纂された『大宰府・太宰府天満宮史料』(太宰府天満宮刊)を引用しつつの講義でした。

愛知県出身の先生は昭和二十三(一九四八)年、東京大学史料編纂所から九州大学に着任。約十年間在籍され、太宰府ともゆかりの深い方です。というのは、九州大学時代の夏休みに十日間、太宰府天満宮に保管されている古文書類を調べる同宮での合宿調査を四、五年継続されています。

その成果は、昭和二十三—三十年に油印本《ゆいんぽん》(ガリ版刷り冊子)で全二十六冊を発行。さらに、調査をバックアップした西高辻信貞宮司の意向を受け、昭和三十四年に東大史料編纂所に戻った後も編纂を続行。『大宰府・太宰府天満宮史料』として昭和三十九年から刊行されています。この史料集編纂は、中世以降の分を川添昭二九州大学教授が継承。平成二十一(二〇〇九)年、全十九巻の刊行を終えています。四十五年がかりの大宰府研究の基礎史料刊行でした。日本史学界に貢献度の高い史料集ですが、その編纂の謝礼を竹内先生は辞退されています。

大宰府史跡に立つ竹内理三先生（中央左）。
左端は鏡山猛氏、右端は藤井功氏
（九州歴史資料館提供）

どうしてもと渡されたお金などをためて先生が古希の年に創設されたのが、「戊午叢書《ぼごそうしょ》」（その年の干支が戊午《つちのえうま》だったことから命名）。資金がなく、論文などを本にできない若い研究者を助成する基金です。「清貧の学者」の表現がふさわしい、飾らない人柄の先生でした。

大宰府研究の流れで言えば、昭和二十五年に九州大学に「九州文化綜合研究所」（理事長・干潟龍祥《りゅうしょう》文学部長）ができ、「大宰府の都政と文化の調査研究」に着手。文献、美術、考古学班に分かれ、各分野の調査研究が進められます。リーダーは文献班が竹内先生、美術班が谷口鉄雄先生、考古学班が鏡山猛先生だったそうです。竹内先生による『大宰府・太宰府天満宮史料』編纂は、その文献班の調査研究の大きな対象だったのです。

先生は昭和四十三年、史跡拡大をめぐる混乱の中で発足した大宰府史跡発掘調査指導委員会の委員長に就任、平安時代の史料を収集・整理した大著『平安遺文』なども刊行され、晩年、文化勲章を受けられました。

九州歴史資料館草創期の人々

大宰府アカデミーでは、主催者の九州歴史資料館からも計十人が、古都大宰府を守る会からは私が講師になって話をしました。とりわけ九州歴史資料館調査課は昭和四十八（一九七三）年から大宰府史跡を発掘しており、最新の成果を学べると、受講生の期待も大きかったようです。

注目されたのは、発掘担当の調査課長だった石松好雄さんの講義。石松さんは、昭和四十三年に鏡山猛元九州大学教授が復元された大宰府の官衙《かんが》（役所）があった府庁域を「条坊制に基づく方四町」（中軸線から東西対称に各二町＝一町は約一〇八メートル）とする案に疑問を提起されます。

政庁跡の東西両側や前面の県道筑紫野太宰府線の南側（史跡指定地外）で礎石建物跡などを確認、府庁域は東西南にそれぞれ広がると指摘。さらに、①政庁前面は広場だった、②政庁中軸線を南に延ばした御笠川で縦横、高さ各二メートルの巨大礎石が見つかった、ことを報告されます。巨大礎石については「この位置に府庁内に入る、平城京の朱雀門《すざくもん》に相当する正門があったのではないか」との見解を述べられました。

文献を主体にした鏡山復元案が発掘調査で見直されるのは、まさに太宰府学の前進。鏡山先生本人もお喜びになっていた、と聞きました。

九州歴史資料館草創期の調査課員と作業員の方々
（赤司善彦氏提供）

調査課技術主査の倉住靖彦さんの講義も受講生の関心を集めました。倉住さんは木簡《もっかん》の専門家。各地から届けられた染料の紫草《むらさき》などに付けられていた木簡を示し、「大宰府の西海道諸国島への総管機能をうかがわせる」と説明されました。

同じ調査課で暑い日も寒い日も現場に出ていた高倉洋彰さんや横田賢次郎さん、森田勉さん、高橋章さんも、専門分野や自らが発掘を担当した史跡について講義されました。

石松さんたち調査課の拠点は政庁跡裏手のプレハブ事務所で、古都大宰府を守る会が入る大宰府展示館の近く。出土品を展示館に並べたり、一緒に花見をしたり、互いに行き来したものです。メンバーのほとんどが私と同世代という気安さもあったのでしょう。

調査課以外でも、陶磁器や仏像、梵鐘《ぼんしょう》などに詳しい学芸課の亀井明徳さんや八尋和泉さん、西村強三さん、横田義章さんも講義されました。

藤井功さんの後を継いだ九州歴史資料館草創期の方々の地道な努力が、太宰府学を発展させたのだと思います。

在野からも講師に

「大宰府アカデミー」では、在野の研究者の方も講師をされました。福岡市を拠点に筑紫豊先生や田村圓澄先生が設立された「宗教文化懇話会」からも、四人が講師を務められます。

本来なら、県教育委員会に在籍しながら万葉集や郷土史研究をライフワークとし、県内をくまなく歩いて文化財保護の普及啓発に努められた筑紫先生こそ、「民」の立場からアカデミー講師にふさわしかったでしょう。しかし、開講前の昭和五十七（一九八二）年一月に筑紫先生は病死。その志を継いで、宗教文化懇話会をもり立てられていた広渡正利さん（元福岡県文化会館図書部長）や佐々木哲哉さん（民俗学）、前田淑《よし》さん（福岡女学院短期大学教授）、井手恒雄さん（福岡女子大学名誉教授）がアカデミーで講師を務められました。

「禅宗寺院」の講義をされた広渡さんは戦前は小学校教諭で、戦後は県教育委員会に長く勤務。晩年は文化会館勤務の傍ら、「図書館にある古くて貴重な資料を県民が読める形に」と昭和四十八年に「福岡古文書を読む会」を設立。司書の北村慶子さんたちと古文書の解読や整理に励まれます。取り組まれた一つが「黒田家譜」で、成果を文献出版から七巻全十一冊にして刊行。これが評価され、昭和六十年に西日本文化賞を受賞されています。

この史料の校訂は、アカデミーの講師もされた川添昭二九州大学教授が担当。民間と学界の協

福岡古文書を読む会の方々（授賞式で）

同作業に「今後の学問のあるべき姿を示唆している」との賛辞が贈られています。

「太宰府のまつりと行事」の講義をされた佐々木さんのことは、前に少し話しました。中学・高校の教諭や西南学院大学教授をされ、彦山（英彦山）修験道の研究のほか、筑紫さん同様、県内を歩いて民俗調査を実施。私もお世話になってきました。井手さんと前田さんは学者ですが、懇話会を活動の場にしながら蓄積した研究成果を披露されました。

さらに、私が京都女子大学の学生だった当時、奈良国立文化財研究所から同大に非常勤で考古学の講義にみえていた横山浩一九州大学教授も、講師として駆けつけてくださいました。

残念ながら講師全員の紹介はできませんが、大宰府アカデミーが多士済々の講師陣で運営されたことをお分かりいただけたでしょうか。

講義の内容を本に

九州歴史資料館と古都大宰府を守る会共催の「大宰府アカデミー」の準備が順調に進んでいたころ、唯一気がかりだったのが、受講の抽選に漏れた約千人の方たちのこと。「太宰府学」を学ぶ意欲に応えることができないのですから。

受講できなかった人や大宰府に関心をもつ人たちに、最新の大宰府像を知ってもらう方法はないか。田村圓澄館長を中心に話し合っていた時、田村館長が提案されました。

「本にしましょうか」

一線級の大宰府研究者たちの講義内容は本にする価値がある。誰からも異論はなく、西日本新聞社出版部に相談し、話がまとまります。講師の方々には、あらかじめ「講義内容は後日、本にします。印税は大宰府史跡の保存・整備に充てます」と伝え、了承をいただきました。

それからが大変でした。守る会事務局の大田温子《ながこ》さん、原野フサエさん、山内房子さんの三人に、毎回二時間前後の講義の録音テープから文字に起こす作業をしてもらいます。広告チラシの裏に講義内容を書き取り、私が目を通し、講師の先生にもチェックしてもらいました。

三人は私と同世代、三十–四十歳代前半の地元の主婦。専門用語が多く、テープを聴いただけでは分かりにくい個所もあったのですが、講師の著作を読むなどして人名や地名、用語を確認しながらの作業でした。

昭和五十九（一九八四）年三月に『大宰府の歴史』のタイトルで第一巻を刊行。田村館長は序文で、こう述べられています。

「筑紫の大宰府が、本書を通して全国の方々に身近なものになることを期待するが、これも大宰府アカデミー開設の意図の一つであった」

テープを起こす古都大宰府を守る会の３人と

最後の第七巻（昭和六十二年十月刊行）までテープから起こした活字は九十六万字。田村館長が期待された「大宰府を身近なものにした」人の中に、この地元の三女性も当然含まれます。

史跡の保存整備には、まず地元の住民がその価値を理解して誇りを持つことが大事、とよく言われます。テープ起こしなどを通じ、来訪者に基礎的な史跡案内ができるほどの太宰府学を身に付けた大田さんたちは、その象徴的なケースでした。

誇りを持って足元の大宰府史跡のことを発信する市民の輪は、さらに広がります。住民ボランティアの「史跡解説員」が誕生したのです。

史跡解説員誕生へ

私が古都大宰府を守る会の文化部長になった昭和五十六（一九八一）年当時、ボランティアで大宰府政庁跡などを案内していたのは、元教諭の貞刈惣一郎さんくらいでした。史跡観光都市を目指すのなら、史跡案内人がもっといてほしい。そんな願いが私の胸の中にありました。

「大宰府アカデミー」も終盤のころ、受講していた地元市議の大江田安定さんから声がかかりました。「講義が全部終わったらハイさようならでは、寂しかですなぁ。自分たちが習ったことを社会にお返しできたら一番よかろうけど……」

私は「史跡解説員」の構想を話しました。大江田さんの目が輝きます。「私がみんなに声をかけます」。ボランティア史跡解説員の話が、一気に受講生の間に広まりました。

昭和六十年三月十八日、アカデミー修了式の日。有吉林之助太宰府市長から受講生中二十二人に史跡解説員認定証が手渡されました。最高齢は七十九歳男性。内訳は男性十二人、女性十人。男性は「定年退職後は社会奉仕の活動をしたい」、主婦を中心とする女性は「自分も社会参加したい」が、それぞれ主な動機でした。

それから四カ月後、守る会は講座修了生を中心に「大宰府アカデミーの会」を発足させます。もっと勉強したいと希望する史跡解説員ら修了生の声を受けての発会でした。発会記念に、二十

認定証を受け取る史跡解説員（昭和60年）

世紀の日本考古学最大の発見とされる高松塚古墳（奈良県明日香村）の調査をした網干《あぼし》善教関西大学教授（飛鳥保存財団評議員会議長）を招き、「飛鳥と大宰府」の演題で講演していただきました。さらに昭和六十一年三月には、守る会の機関紙「都府楼」（年二回）を創刊。こちらも、大宰府史跡に関する新しい発掘調査や研究成果に関する情報などを発信するのが狙いでした。

市民レベルで大宰府史跡に関するさまざまな分野の情報が広がり、互いに学び合う場が増えていきます。

「まほろば（優れたよい所の意）の里づくり」を課題に掲げた有吉市長は、「都府楼」創刊号でこんなメッセージを発されています。

「市民参加によるまちづくりでなければ、次の世代に誇りうる『歴史とみどり豊かな文化のまち太宰府』の創造はありえない……」

市民参加のまちづくりの具体例の一つが、史跡解説員の活動でした。

キワニス賞を受賞

「訪ねてきた人々に、この遺跡を遺していった先人たちの命をよみがえらせるような解説をしたい、と心がけています」（完戸《かんと》鶺《りょう》さん）

「全国の通史で習ったことに通じる事柄が身近にあることが心楽しい。それを知らないであろう人たちに語り聞かせることができるのも、うれしいのです」（目野千鶴さん）

平成六（一九九四）年、古都大宰府を守る会は設立二十周年を機に「古都大宰府保存協会」へ名称を変更。その記念パンフレット「悠久の西都」で、大宰府史跡解説員の完戸さんと目野さんは、解説員についてそう語っていらっしゃいます。

私が史跡解説員の方々を見てきて感じるのは、生きがいがあるからこそ続けられる活動だということ。生きがいとは「昔と今をつなぎ、太宰府と外をつなぐ役割を、誇りを持って果たす。その思いが相手に伝わった時の喜び」のように思えます。

古都大宰府を守る会は平成三年、太宰府市から要請を受けて史跡解説員養成講座を開催。それ以降も節目ごとに養成講座を催し、平成二十年四月に九期生が誕生。この間メンバーの入れ替えもあって、平成二十二年現在総勢五十八人です。「くすのき会」という解説員の親睦組織があり、月例会で情報交換や勉強（研修旅行含む）をされています。現在の会長は、今や二人になった一期生の一人、藤田百合子さん。

藤田さんによると「解説員が自分の知識に酔いしれて解説に夢中になりすぎ」「お土産を買う時間ももっとほしかったのに……」などのクレームもたまにあるとか。そんな事例は月例会で報告され、話し合って改善されています。もちろん、お礼状も多く届くとのこと。史跡解説員への謝礼は交通費千円と食事代（昼食を取る場合）以外は無料で、利用者に好評です。

史跡解説をする藤田百合子さん（正面）

解説員のそうした地道な活動に光が当たる日が来ました。平成四年、古都大宰府を守る会は、国際社会奉仕団体の福岡キワニスクラブから「キワニス社会公益賞」（社会公益のために人知れず続けられた献身的労苦が対象）を受賞。文化財保護法制定五十周年の十二年には、文化財保護への功績で文部大臣表彰も受けます。

今でこそ生涯学習は珍しくありませんが、二十五年前に始まった、自ら学び、学んだ知識を他に伝えることを喜びとする史跡解説員は、その先駆けといえるのではないでしょうか。

現代人と古代人を結ぶ
万葉の心

万葉集によるまちづくり

古都大宰府を守る会は、万葉集によるまちづくりにも取り組みます。その出発点となったのは、太宰府市制施行記念でお招きした犬養孝大阪大学名誉教授による講演でした。

私は日本の古典が好きで、学生時代、京都大原にある平家物語ゆかりの尼寺「寂光院《じゃっこういん》」を訪ねては、小松智光院主の話をうかがいました。ご院主は、平家物語の大原御幸《ごこう》（壇ノ浦の戦いで子の安徳天皇を失い寂光院に隠棲《いんせい》する建礼門院＝平清盛の娘徳子＝を後白河法皇が訪ねる物語）などの悲話を語ってくださいます。胸に響き、四季の風景と相まって、また行きたくなったものです。世の無常を説いた平家物語の雰囲気を残す寂光院。古典の世界から現代に通じる「言葉の力」（言霊《ことだま》というのでしょうか）や風景保全がいかに大切かを感じさせられました。

では、数ある古典の中からなぜ万葉集だったのでしょうか。それは敬愛する郷土史家筑紫豊先生の最後の著作『筑紫萬葉抄』がきっかけでした。古都大宰府を守る会文化部長の話があった時、病床の筑紫先生を訪ねた私に筑紫先生が渡されたのが、この本。表紙の裏にこんな添え書きがありました。

「万葉集についての私の仕事はこれが生涯のおしまいです。このあとは皆さまのご勉強に期待します」

犬養孝先生（中央左）と山内勇先生（中央右）を囲んで

自分への激励と受け止めた私は、万葉集を大宰府史跡の保存やまちづくりに生かす方法を思案します。思い当たったのが犬養先生でした。先生は、万葉集の作者の心を机上だけでなく、詠まれた地を自ら歩いて読み解くスタイルで知られ、全国にファンがいました。

思い立ったらすぐ動くのが私の身上。飛鳥保存財団の季刊誌「明日香風」の編集部に紹介してもらい、兵庫県西宮市の先生宅を訪ねます。「太宰府は万葉集の大事な所とかねがね思っていました」。そう言って先生は講演を快諾されました。

犬養先生は万葉集の和歌を声を上げて詠ずる朗唱で知られ、「犬養節」と呼ばれていました。昭和五十七（一九八二）年五月二十三日、太宰府市での講演の日。先生が詠じ始められました。伸びやかな声です。と、会場にいた中高年の女性の一群も朗唱するのです。

驚きました。何と先生を追ってきた犬養ファンの女性たちでした。朗唱する彼女たちを見て、ここでも「言葉の力」に感銘を受けました。

古代と現代結ぶ歌

万葉の歌が詠まれた風土を重視する犬養孝先生の「筑紫万葉の世界」の講演は、とても刺激的でした。八世紀前半（奈良時代）、同じ大宰府の空の下に住んだ大宰帥《だざいのそつ》（長官）の大伴旅人と筑前国守の山上憶良。彼らを中心に詠まれた作品群は後世、「筑紫万葉」と称されます。「万葉の心は過去のことではなく、現代人の生の自覚としてよみがえってきます。筑紫万葉も今の時代、この地に息づいていますよ」。犬養先生の話を聞き、万葉集には古代人と現代人の心を時を超えてつなぐ力がある、と再認識しました。

講演後の昭和五十九（一九八四）年、福岡地区の十一ロータリークラブが古都大宰府を守る会に寄付を申し出られます。太宰府ロータリークラブと協議し、万葉歌碑を建てることになり、二年がかりで政庁跡裏など六カ所に歌碑を建立。碑に刻む歌は私たちが選びました。そのうち三カ所の和歌と現代語訳を紹介しましょう。

大野山霧立ち渡るわが嘆く 息嘯《おきそ》の風に霧立ちわたる　　山上憶良
（大野山に霧が立ち渡っている。私が亡き妻を思って吐く深いため息で霧が立ち渡っている）

凡《おほ》ならばかもかもせむを恐《かしこ》みと 振りいたき袖を忍びてあるかも　　娘子遊行女婦児島《おとめうかれめこしま》

（当たり前ならああもこうもしましょうものを、恐れ多い方なので振りたい袖も我慢しているのです）

ますらをと思へるわれや水くきの　水城のうえになみだ拭《のご》はむ　大伴旅人

（しっかりとした男子と思っている私であるが、別れとなると、この水城の上で涙を拭うことであるよ）

やすみししわご大君の食国《おすくに》は　倭《やまと》も此処《ここ》も同じとぞ思ふ　大伴旅人

（わが天皇が安らかにお治めになる国は、大和もこの大宰府も同じであると思う）

大宰府政庁跡で行われた万葉歌碑除幕式

私が好きなのは最初の歌。政庁跡から望む大野山（四王寺山）に雨上がりの霧がかかる時など、憶良が妻を失った旅人の気持ちになって詠んだ心情に近づける気がします。

二首目と三首目は、離任する旅人を水城で見送る児島とそれに応える旅人の作。四首目は都への望郷の念を封印した歌。いずれも人間らしさがうかがえ、味わい深いですね。

太宰府ロータリークラブからは昭和六十二年、「つくし万葉歌碑めぐり」のパンフレットも寄贈されました。

万葉の先進地、高岡

万葉集によるまちづくりの先進地で知られるのは、富山県高岡市です。万葉集の編者とされる大伴家持（旅人の子）が七四六年、越中国守としてこの地に着任。五年間に二百二十余首の和歌を詠んだことから「万葉の里」をアピールしています。

平成元（一九八九）年、高岡市で市制施行百周年記念イベント「万葉フェスティバル」がありました。万葉集と関連のある地域の関係者による「万葉サミット」も催され、私もパネリストとして招かれました。全体のコーディネーター役の犬養孝先生が呼んでくださったのです。歌人の俵万智さんや漫画家の里中満智子さんもイベントに参加。万葉集まちづくりの先進地だけに、市民の熱気は相当なものでした。

驚いたのは、万葉集全二十巻四千五百十六首をリレー方式で歌い継ぐイベント。高岡古城公園に特設の水上舞台で、万葉衣装姿の約二千百人が三昼夜、まるで犬養先生のように次々と朗唱するのです。圧巻でした。

市民約千人による野外ミュージカル「越中万葉夢幻譚《むげんたん》」も、同公園広場で上演されました。家持がタイムトリップし、時空を超えて高岡の千二百五十年間の歴史をつづるストーリーで、これも感動的でした。

市内には、市民の手で「大伴家持神社」ができていますし、その神社前の林では、市の花である「カタカゴ」の群落も育てられています。全国初の万葉関連情報の受発信をする「万葉歴史館」もその後、開館。万葉小学校、万葉病院、スナック万葉まであるとか。万葉集の浸透ぶりに目を見開かされる思いです。ただ単に万葉集の歌を学ぶだけでなく、歌が詠まれた歴史的な風土を現代のまちづくりに生かしていくことが肝心、それには幅広く市民を巻き込むことだ、と痛感しました。

高岡市で開かれた第1回万葉サミット
(高岡市教育委員会提供)

太宰府には歴史遺産が多く、発掘調査などで古代九州の中枢だった大宰府の状況も解明されてきました。けれど、考古学的成果だけでは、当時の人たちの暮らしぶりや心のありようはいまひとつ判然としません。万葉集の言葉の力(言霊)を生かして万葉人と現代人の心をつなげば、より多角的にまちの活性化を図れるのではないか。そう考えました。

平成四年、太宰府で万葉フォーラムが開かれます。高岡で犬養先生にお願いしていたことが実現したのです。

万葉の集いが実現

一九九二（平成四）年五月、太宰府市で市制施行十周年記念の「万葉フォーラム」を開催。第三回万葉サミットも同時に開かれました。伊藤善佐《よしすけ》市長らと犬養孝先生に太宰府開催を要請、快諾されていたのです。行動する万葉学者、犬養先生に再び太宰府での行事に参加いただくのは、この上ない喜びでした。全国から太宰府に来た万葉ファンを、大宰府アカデミー会員や史跡解説員ら市民を挙げて歓迎しました。

私が一番楽しみにしていたのは、犬養先生が昭和五十七（一九八二）年に奈良県明日香村で始められた「万葉ラジオウォーク」。携帯ラジオの生放送を聴きながら万葉故地を歩く催しで、関西地区で毎年続けられていました。

ＮＨＫ福岡放送局の協力で、それを太宰府で催すことになったのです。政庁跡横の大宰府展示館に移動スタジオを設置。犬養先生とお弟子さんの清原和義武庫川女子大学教授が、マイクを前に待機されます。私はガイド役として参加者の皆さんを先導。歩く私たちと解説役の犬養先生は中継で結ばれています。歩くコースは、太宰府天満宮から水城跡までの「歴史の散歩道」。観世音寺や戒壇院、学校院跡、政庁跡などの背後（大野山麓）を通る道で、緑の多い国の特別史跡内です。

参加者は、要所要所で詠じられる「犬養節」の筑紫万葉の歌をラジオを通して聴き、一緒に口ずさみながら歩きます。私たちが政庁跡の北西、坂本地区を進んでいる時、先生がこう呼び掛けられました。

万葉ラジオウォークでガイドを務める
（古都大宰府保存協会提供）

「そこから先は、本当に万葉の雰囲気が残った素晴らしい道ですよ。正面に大野山が見えるでしょう。照葉樹の山道から国分の池に出るまでの道には、筑紫歌壇の人々が息づいているのです。憶良のせき払いや万葉人のささやきも聞こえるでしょう。どうか皆さん、この道を、この景色を大事に守ってくださいよ」

その時、犬養先生が日本全国の万葉故地を歩いて提唱された「万葉風土学」の芯に触れた気がしました。

万葉フォーラムではこのほか、古代食を味わう「万葉の宴」や当時の服装を再現する「古代衣装ファッションショー」などもありました。宴の会場はお隣の二日市温泉。古代食は旅館で料理されましたが、レシピは古都大宰府を守る会で再現したものでした。

古代食再現に挑む

古都大宰府を守る会が古代食を再現した発端は「甘葛《あまづら》」からでした。甘葛って、ご存じでしょうか。正倉院文書「薩摩国正税帳」に貢納税として記載された古代の甘味料です。清少納言の『枕草子』にも「削氷《けずりひ》にあまづらいれて」とあります。今でいうかき氷にかけて食べたのでしょう。ただ、製法は謎でした。

小倉薬草研究会（北九州市）の石橋顕《あきら》さんがその製法を突き止め、太宰府で再現したいと希望されます。折しも、古都大宰府を守る会が運営する大宰府展示館は開館十周年（平成二年）を控えていました。石橋さんが日本風俗史学会九州支部会員だったことから、同支部と守る会は記念事業で古代食の研究・展覧会の実施を決定。そのメーンイベントとして、甘葛製造を実演することになります。

風俗史学会九州支部長の後藤信子先生（福岡教育大学）が私の大学の先輩と分かり、話はとんとん拍子に展開。せっかくなら大宰府ゆかりのテーマでと、万葉集巻五にある「梅花の宴」に決定。①どんなごちそうだったのか、②参宴者の服装はどうだったか、の二点を研究して再現することに。それから、地域の老若男女を巻き込んで一大事業となっていきます。

まず古代食の食材として、当時の野菜にできるだけ近い原種が必要です。九州大学農学部の藤枝国光教授にご教示いただき、福岡県農業総合試験場などにそろえてもらいました。

原種栽培は、史跡地周辺農家の若妻の会「なのはな会」の皆さんが担当。四十歳前後の彼女たちは、月一回、万葉集の勉強会をしながら、醤《ひしお》（古代の発酵調味料）や漬物作りにも協力。土づくりなどは地元のお年寄りに協力していただきます。

「なのはな会」万葉菜園の説明板
（古都大宰府保存協会提供）

古都大宰府を守る会主催の子ども歴史教室では、史跡地の水田を使って古代の赤米を栽培。地元の子どもたちが田植えから収穫まで協力してくれました。

難関だったのが献立や調理法。文献には食材しか書かれていません。石橋さんや私が資料を集め、風俗史学会支部会員で大学で食物学を教える渡辺智恵さん（福岡女学院短期大学）と田中千佳子さん（近畿大学九州短期大学）を中心に、実験を重ねました。木簡《もっかん》にヒントを求め、私は奈良国立文化財研究所にも行きました。調理のめどが付くと、なのはな会などの出番。一年以上かけた試行錯誤の末、古代食再現が見えてきました。

政庁跡で梅花の宴

「梅花の宴」は、大宰帥の大伴旅人が大宰府の官人や管轄の九州諸国（南は薩摩・大隅、西は壱岐・対馬）の役人を招き、梅花を題材に三十二首の歌を詠み合った宴です。古代大宰府の文化を象徴したその宴を食と衣の両面から再現しよう、というのが私たちの狙いでした。

大宰府展示館十周年記念特別展「梅花の宴――遠の朝廷の食と衣」開幕初日の平成三（一九九一）年二月十七日、政庁跡近くの観世音寺境内に約二百人が集合。甘葛煎《せん》の再現に挑みました。境内の樹木などからはがしたブドウ科のツタを長さ三〇センチほどに寸断。切り口から息を吹き込みます。先端から滴る液が甘葛汁で、これを煮詰めて糖度を高めたのが甘葛煎です。

寒風の中、貫頭衣姿の参加者たちが黙々と作業を続け、やっと甘葛汁二リットルが採れました。糖度計でチェックしながら、それを煮詰めます。作業開始から約四時間後、粘りのある琥珀《こはく》色の甘葛煎が現れました。全員で一なめずつ味わいます。はちみつのように甘く、後口はさらり。それまでの苦労も吹き飛ぶおいしさで、誰もが感嘆の声を上げました。

三月十七日、政庁跡で古代食を再現しての大野外パーティー。雨が上がった会場で、「なのはな会」大田陽子会長の中学一年の息子さんが言いました。「お天気になってよかったぁ。お母さんはこの日のために頑張ってきたっちゃん」

大宰府政庁跡で再現された「梅花の宴」（古都大宰府保存協会提供）

この日の梅花の宴再現で、参加者約六百人に振る舞われたメニューの主な品々を紹介しましょう。まず、古代文献を基に地元の酒造会社に再現してもらったお酒。芥川龍之介の小説の題材にもなった芋粥《いもがゆ》（甘葛とヤマイモを使った古代の超高級料理）、蘇《そ》（牛乳を煮詰めて固めた物）、サバの楚割《すわやり》（縦に切ったサバの干物）、飯（赤米）、羹《あつもの》（ハマグリと細芽の潮汁《うしおじる》）、フナの鮨《すし》、ゆでたサトイモなど根菜類……。

春風が渡る青空の下、宴が始まります。なのはな会や小倉薬草研究会、大宰府アカデミーの会などの会員の皆さんが、調理や給仕に大活躍。参加者のだれもが笑顔です。私は、古代のロマンあふれるテーマで、みんなで楽しく、ここまでやれたことに喜びと手応えを感じました。

私たちの最終的な目的の「大宰府史跡保存」に、市民の皆さんを巻き込んでいけるという手応えでした。

器と衣と舞も再現

古代九州人はどんな食事をし、どんな衣服を着たか。「梅花の宴――遠の朝廷の食と衣」では、その疑問に答える工夫が凝らされました。

その一つが万葉時代の台所復元です。出土品の土師器《はじき》や須恵器など土器、漆器に加え、当時の食べ物を模したレプリカ、伊勢神宮（三重県）や春日大社（奈良市）から譲り受けた神饌《しんせん》（神に供える飲食物）の塩ダイ、のしアワビなどを展示しました。復元した古代製塩土器で海水を煮詰めて作った堅塩も並べました。神饌は往時の食の基本形をとどめているので、私たちは伊勢神宮などのお供えも調査して回ったのです。

記念特別展のもう一つのテーマ、衣。こちらの再現は、共催の日本風俗史学会九州支部長で被服が専門の後藤信子先生を中心に進められました。古代庶民が着た服は、文献を基に、当時使用されたであろう麻布を素材にして男物と女物を手作り。高位高官の服は、風俗博物館（京都市）から借りてきて展示しました。古代から「高貴な色」とされる紫や茜の染色にもチャレンジ。地元の「しらぬひ巧芸」の柿永皓《ひろし》さんが、小倉薬草研究会の石橋顕《あきら》さんたちの協力で紫草《むらさき》や日本茜で染色や織りを試み、見事に復元されました。

記念特別展を締めくくったのが、筑紫楽所《がくそ》による「雅楽公演」です。

六八六年、新羅の国使などをもてなすため、大和飛鳥の川原寺の伎楽《ぎがく》が筑紫の地に移されたことが「日本書紀」に記載されています。筑紫楽所は昭和三十二（一九五七）年、かつて大陸文化伝来の玄関口だった地でその伝統の雅楽をよみがえらせようと、福岡県筑紫野市の正行寺《しょうぎょうじ》楽部として発足。当初は法要楽として門外不出でしたが、その後、財団法人となって各地で公演するなど、活動を続けていらっしゃいます。

大宰府政庁跡で披露された筑紫楽所の雅楽
（古都大宰府保存協会提供）

　一九七〇年代後半に私は雅楽を見る機会があり、その舞の華麗さに息をのんだものです。いつか政庁跡でその舞を見たいと願っていたのですが、その夢がかなうことになりました。

　一九九一（平成三）年三月二十四日。宮内庁楽部の指導を受けて整えられた舞台で「蘭陵王《らんりょうおう》」「納曽《なそ》利《り》」など伝統の舞楽や管絃《かんげん》が披露されます。時を超えて響くその音色や舞は、集まった千三百人を古代情緒に浸らせたのでした。

食の原点探しから

「梅花の宴――遠の朝廷の食と衣」と「万葉フォーラム」。一九九一（平成三）年と翌年にあった二大イベントにかかわり、私が学んだことがあります。

一つは、史跡だけでなく、同時代の食や衣、文学など今につながる情報を発信する。二つ目は、情報の受け手の関心をすくいとる楽しいイベントを企画する。そんな複眼的取り組みこそが、史跡の価値を人々に再認識させるということです。

昭和五十八（一九八三）年から二年続いた市民講座・大宰府アカデミーは、史跡解説員を世に送り出しました。ただ、そこに集まったのは歴史好きな人たち。歴史に興味のない人に、どうすれば史跡を理解してもらえるか。その答えが二大イベントにあった気がします。

そして大事なのは一過性で終わらせないこと。二大イベント後、継承されている事例を紹介しましょう。

まず、梅花の宴で古代食の復元に大活躍した「なのはな会」の取り組みから。同会は、政庁跡近くの畑「万葉菜園」で、農薬や化学肥料をできるだけ使わず、原種に近い野菜を栽培しました。指導した一人が、筑紫農業改良普及所の田代浩子さん。

「今よりも豊かな食があったことを知った。梅花の宴の食材作りは、楽しい食の原点探しでもあった」。後にそう振り返った田代さんは、平成五年、生活改良の一環で指導してきた同会の有志と「大宰府食研究会」を結成されます。最初に手掛けられたのが「行事食」。四季折々の祭りの時などに作られた食事を再現し、食材や調味料の種類、分量を記録する作業です。

田代浩子さん（前列右）ら大宰府食研究会の方々
（藤田百合子氏提供）

こんなエピソードがあります。梅花の宴の際、ウリのかす漬けを古文献（延喜式《えんぎしき》）通りに再現していると、割ったウリに詰める塩や酒かすの量が、会員の一人がおしゅうとめさんに教わったのとぴったり一致。時を超えた感動を味わったそうです。受け継ぐ大切さを再確認した田代さんたちが研究テーマとされたのが「土地食《どじしょく》」。土地に根差す旬の料理や食生活の総称で、禅の用語が由来とか。今で言う地産地消やスローフードに先駆ける取り組みです。

平成十三年一月、大宰府食研究会は月二回集まって作り上げたレシピ類などをまとめた冊子「太宰府の昔料理」を出版します。次代への食文化の継承を企図した志の高い冊子でした。

命にいい食を教える

「土地食」をテーマに掲げた「太宰府食研究会」の話には、続きがあります。

指導者の田代浩子さんが平成十七（二〇〇五）年一月、急逝。会員の皆さんは、田代さんの遺志を継いで冊子作りに挑まれたのです。平成十六年四月、苦心の末に「太宰府の土地食──旬を楽しむ野菜料理」を刊行。冊子は、平成十三年の「太宰府の昔料理」以降試作された、後世に伝えたい土地食レシピを満載しています。

この冊子刊行を区切りに、大宰府食研究会は活動を休止。ただ、会員全員が活動を休止したわけではありません。冊子出版が意外な展開を招きます。新聞で冊子の紹介記事を読んだ地元の太宰府小学校の先生から「子どもたちの研究発表のテーマにしたい」と協力要請が舞い込んだのです。これを機に、大宰府食研究会の大田陽子さんと藤田百合子さんが年二回、同校を訪問。「命にいい食」をテーマに、四年生全員に旬の食材の料理や伝統食について教えておられます。

古代食の復元と言えば、太宰府天満宮独特の古来の神饌「覧銮《らんじ》」が平成十四年の千百年大祭で再現されたことに、私は感動しました（国家神道化を断行した明治政府は、全国統一、調理しないままの神饌を奨励。覧銮も形は分かっていても、材料や製法が不明だったのです）。

大宰府食研究会メンバーの大賀千恵子さんが、義兄の上田誠之助九州大学名誉教授（発酵食品）の指導を受けて、文献などを基に試行錯誤の末に、米を主原料とする覧楽を見事に再現。私はその経緯を踏まえ、論文「太宰府天満宮の古式祭と古式神饌」を「宗教民俗研究」に発表しました。

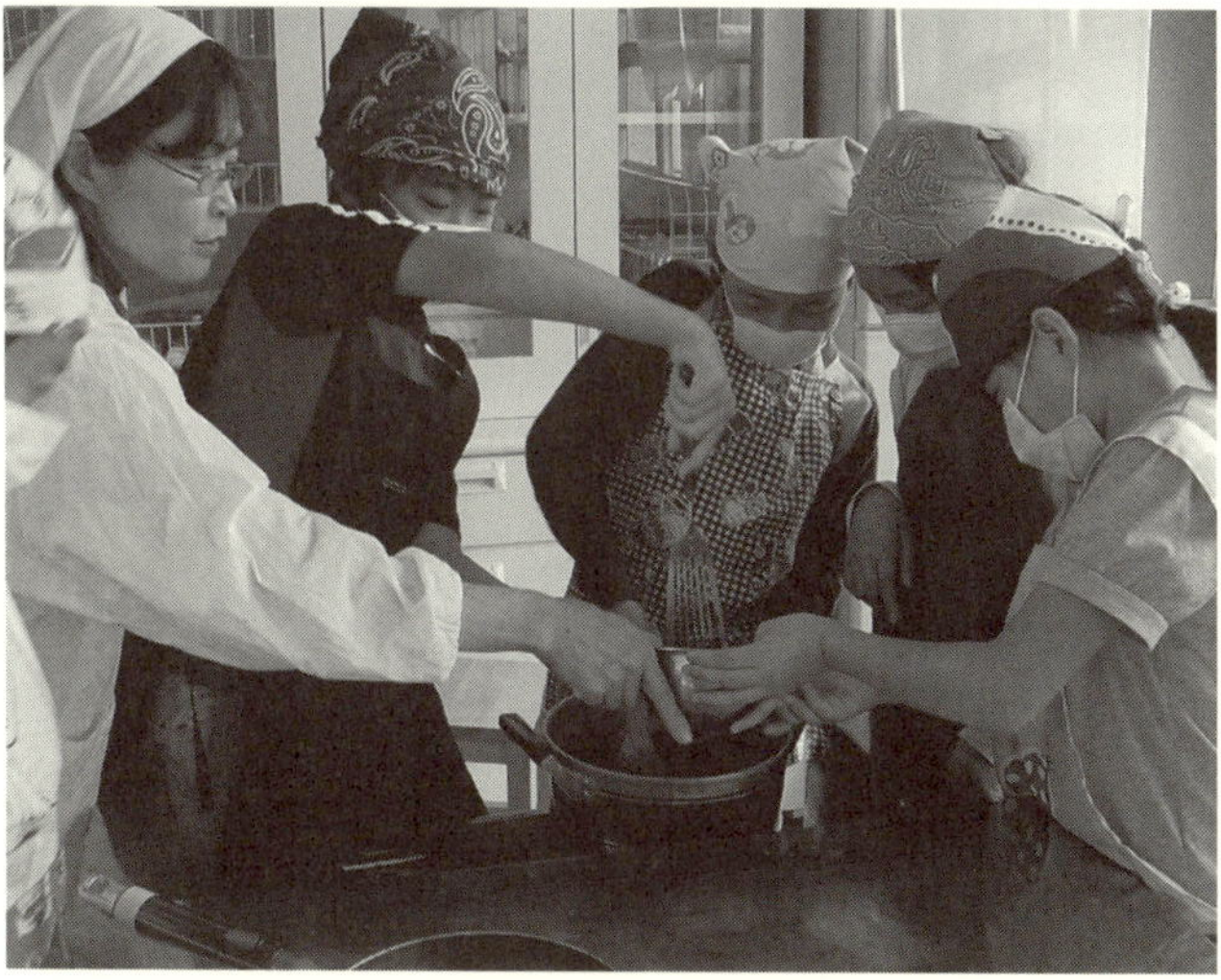

太宰府小学校で食を教える大田陽子さん（左）
（藤田百合子氏提供）

話をイベント後の継承に戻しましょう。一九九二年の「万葉フォーラム」後、平成十一年に「大宰府万葉の会」が発足します。大宰府史跡解説員の松尾セイ子さんを代表に、地元の主婦十数人で結成されたのでした。

毎年二月に大宰府万葉「梅花の宴」を再現。参加者の皆さんは朱や薄紫などカラフルな万葉衣装姿で、古代の宴に倣い三十二首を朗唱されます。万葉集の勉強会や、太宰府などに点在する万葉歌碑巡りなども続けていらっしゃいます。平成二十年秋には九州国立博物館で「全国万葉学会」も開催。こうした活動の継続が史跡保存を支える力になると、私は思います。

住民の誇りを
呼び覚ました人々

基層文化を土台に

大宰府政庁跡で「梅花の宴」が再現された平成三（一九九一）年三月十七日に話を戻します。この日、宴に入る前に中西進国際日本文化研究センター教授（後に奈良県立万葉文化館長などに就任）が記念講演をされました。

先生は、大伴旅人による梅花の宴は、①古代中国・晋の時代に「蘭亭《らんてい》の詩会」を催した書家の王羲之《おうぎし》の隠逸《いんいつ》（世俗を逃れる）への共鳴があった、②当時、外来の目新しい花で辺境感を漂わせる梅花を題材とした歌宴は、大陸からの最新文化受容地大宰府にふさわしい文化の先端をいく催しだった、と説かれます。②は、それから十四年後、この地に開館した九州国立博物館が掲げる「日本文化の形成をアジア史的観点から捉える」と重なるものでした。

往時の最新文化受容地での梅花の宴再現や万葉フォーラムは、住民意識の醸成に一役買ったと思います。ただ、その前からこの地には、特有の基層文化といえる集積があります。親から子、子から孫へと歴史が語り継がれ、古都にあこがれて移って来た新住民も少なくありません。

そのような基層文化を土台にして昭和三十二（一九五七）年秋、地元在住の洋画家足立襄《じょう》、彫刻家冨永朝堂《ちょうどう》、医師の丸山忠良、柳沢義幸の各氏が「太宰府美術懇話会」を結成されます。三年後に名称を「太宰府文化懇話会」と改称。「太宰府文化の向上並びに研究に努める……」とう

「梅花の宴」前に記念講演する中西進教授
（古都大宰府保存協会提供）

たい、学者や教育者、僧職も加わった約五十人（郷土史家筑紫豊先生や西高辻信貞太宰府天満宮宮司も会員でした）が講座や勉強会を続けられました。民間サイドから九州国立博物館誘致に率先して取り組んだのもこの会で、昭和五十四年三月に「誘致期成文化人大会」を開催。九州国立博物館誘致への住民署名運動を決めています。

その前年の昭和五十三年に住民有志で結成された「太宰府を語る会」は現在も月一回の例会と現地見学会を続け、会報も発行されています。私も何度か卓話をさせていただきました。

そうした市民の意識が結実したのが、平成三年の台風十七号、十九号で倒壊の危機に瀕《ひん》した戒壇院（奈良時代に建てられた日本三戒壇の一つ）の復興です。地元高校生など若者も参加した募金活動で目標額を上回る浄財が集まり、見事に修復されました。

市民の文化意識の裾野《すその》の広がりが九州国立博物館誘致を下支えしていきます。

九州国立博物館の開館式典

天井が高く広々とした空間には歓喜の波が幾重にも押し寄せ、人々をのみ込んでいるようでした。アジアからの波のうねりを思わせる青い大きな屋根、木々の緑を映すガラス張りの壁面。内側には、海の向こうから伝来し、この地で醸成された文化、逆に彼の地に影響を与えた文化の相互交流の証しを満載。平成十七（二〇〇五）年十月十五日、九州人百年の夢とされた九州国立博物館の開館式典が、太宰府市の現地で催されました。国内外から約千人が出席。会場は祝賀の思いがあふれていました。

筑紫楽所《がくそ》の皆さんによる雅楽「賀殿」が始まります。笛やひちりき、太鼓に合わせて舞う古来の雅楽は、「アジアとの文明交流史」が主テーマの九州国立博物館のオープニングにふさわしい演出でした。

黒のスーツ姿で埋まった会場の一角で、福岡茶道文化連盟の和装の女性たちが抹茶とお菓子を振る舞われています。とても華やかな雰囲気。そして、二十人ほどの来賓によるテープカット。九州国立博物館設置促進財団の大野茂理事長や「九州国立博物館を支援する会」の有吉林之助会長もいらっしゃいます。

晴れがましそうな皆さんの顔を拝見しつつ、私はその場にいないお二人の面影を思い浮かべていました。一人は、九州国立博物館誘致に情熱を傾け続けられた西高辻信貞太宰府天満宮前宮司。もう一人は、奈良国立文化財研究所から着任し、大宰府史跡発掘調査を陣頭指揮された藤井功さん。

九州国立博物館オープニングのテープカット

太宰府天満宮では、明治時代の西高辻信厳宮司から信良現宮司まで四代にわたり「太宰府に国立博物館を」と、夢見てこられました。その建設用地にと敷地一四ヘクタールを提供する決断をされたのが、信貞前宮司です。

藤井さんは史跡指定拡大をめぐる紛糾の最中（昭和四十三年）に着任。発掘の前線に立ちながら地元住民に史跡保存の大切さを説き続け、九州国立博物館の誘致にも奔走されました。

九州国立博物館を見ずに逝ってしまったお二人ですが、実はこの晴れの日、開館に〝立ち会って〟おられました。信貞前宮司は、ご子息の信良宮司が遺影を胸ポケットに忍ばせ、テープカットに参加。藤井さんは、後輩の赤司善彦さん（現九州国立博物館展示課長）が四階の文化交流展示室前に設置した水城の縮尺模型の一角で人形になって、開館を見届けられたのです。

志伝える石碑三基

東京、奈良、京都に次いで、国内四番目に開館した九州国立博物館のあらましを話しましょう。九州国立博物館は地上五階、地下二階建て、延べ床面積約三ヘクタール。太宰府天満宮とトンネルで結ばれ、エスカレーターと動く歩道で行き来できます。

建物本体の主な空間は、一階にエントランスホールやアジア文化体験エリア「あじっぱ（アジアの原っぱの意）」、三階に「特別展示室」、四階に「文化交流展示室」など。平成十四（二〇〇二）年の着工で、十六年に完工しました（総工費約二百三十億円）。

国と福岡県が協力・連携して管理運営する新しいタイプの博物館で、コンセプトは「日本文化の形成をアジア史的観点からとらえる」。古代大宰府が果たした歴史的役割（アジアとの交流の玄関口）を具体的な像《かたち》として今の世に再現したのが九州国立博物館なのだ、と私は理解しました。九州人が九州人であることを確認できる「アイデンティティーの殿堂」となる施設に育ってほしい——。喜びに沸く開館記念式典に臨み、私はそう願わずにはいられませんでした。

というのも、古代九州のいわば首都であった大宰府に寄せる地元の人たちの「誇り」が、明治以来の悲願だった九州国立博物館を実現させる底力となったと信じますから。その熱意に私たちも学ばねば、と思ったのです。

大宰府政庁跡に立つ石碑（古都大宰府保存協会提供）

明治以来の太宰府の人々の郷土への熱い思いを象徴するのが、大宰府政庁跡に立つ三基の石碑です。一番古いのは真ん中の「都督府古址《こし》」で明治四（一八七一）年、地元の大庄屋高原善七郎が自費で建立しています。正殿跡に向かって左の「太宰府址碑」は明治十三年、これも地元有志が建立。右側の「太宰府碑」は江戸時代に福岡藩の儒医亀井南冥《なんめい》が碑文を作り、彼の没後百年の大正三（一九一四）年にその教えの流れをくむ人たちが建立しています。

三基の石碑の前に立つと私はいつも、大宰府史跡が廃れることを憂えた太宰府人の志に胸を打たれます。

史跡の核である政庁跡で発掘調査の鍬《くわ》入れ式があったのは、昭和四十三（一九六八）年十月。国の史跡指定拡大をめぐる混乱の最中でした。反対派住民の立て看板が立つ中、奈良国立文化財研究所から来た藤井功さんが調査を指揮。政庁跡の全容解明と同時に、その価値を今の世に問い直す作業の始まりでした。

藤井功さんの登場

藤井功さんたちの大宰府史跡発掘調査の話に入る前に、その前段の明治時代以降から戦後までの大宰府史跡保存の推移に触れておきます。

政庁跡の石碑に象徴されるように、古代日本史、特に防衛・文化交流など対外関係史における大宰府の価値は、中央でも知られていました。

大正十（一九二一）年、まず政庁跡と水城跡が国の史跡に指定されます。翌年、筑前国分寺跡、国分瓦窯跡も同じように指定。昭和七（一九三二）年には、政庁と同時期に築かれた大野城（政庁背後の四王寺山の山城）跡も国史跡に指定されました。

戦後の昭和二十八年、政庁跡と大野城跡、水城跡は「特に重要」として文化財保護法の特別史跡に指定されます。国の史跡に指定されても、現状を変更しなければよく、戦後しばらくは草地のままであったり、田畑として耕作されたりしていました。

事情が急変したのは、日本が高度経済成長期に入った一九六〇年代以降です。国内各地で開発ラッシュが起き、太宰府でも四王寺山麓一帯で宅地開発が表面化、史跡がブルドーザーによる破壊の危機に瀕します。事態を重く見た国の文化財保護委員会は、昭和四十一年、史跡追加指定案を内示。国史跡地を一二ヘクタールから一二二ヘクタールに拡大する案でした。

地権者は猛反発。政庁跡周辺には反対の立て看板やむしろ旗が立てられます。史跡指定で自由な土地売買ができない私権制限への不安があったことは確かですが、もっと強かったのが国側の一方的内示への反発だったと思われること。もっと言えば、政庁跡周辺は「木を伐《き》るな、穴を掘るな」と代々、景観保全が言い伝えられてきた土地柄です。なのに、国史跡指定地はほとんど整備されないまま、放置状態ではなかったか。それに加え、国はまた一方的に史跡に指定するのか、という反感が根底にあったのです。

昭和40年ごろの大宰府政庁跡（点線内）

　藤井さんが奈良から太宰府にみえたのは、そういう状況下でした。

　藤井さんは単身赴任で、太宰府天満宮の飛梅《とびうめ》会館に寝泊まりされます。休日には、会館の炊事場をたまり場に、同僚や天満宮の職員たちと酒を酌み交わしては大宰府論を熱く語り合われました。いつごろか、そこは「バー炊事」と呼ばれるようになっていました。

新発見を「誇り」に

「バー炊事」に、私も顔を出しました。私が天満宮文化研究所に入ったのは昭和四十四（一九六九）年四月。前年九月着任の藤井さんは二年余り飛梅会館におられたので、よく顔を合わせました。小鳥居寛二郎権宮司や地元の新聞記者、米国人留学生らもバー炊事に出入りされていました。

藤井さんの着任前、史跡指定拡大に地元の猛反発を受けた国は、①史跡指定地は買い上げる、②発掘して歴史的な姿を解明する、③その真の価値を明らかにした上で整備・活用する、などの基本方針を打ち出します。

藤井さんは、大宰府史跡発掘調査指導委員会（委員長・竹内理三《りぞう》東京大学教授）の指導の下で発掘を開始。昭和四十三年十二月、政庁中門跡での調査開始早々に、アッと驚く事実が判明します。地表に見えている礎石の下から、また礎石が出てきたのです。それまでは「地表の礎石は天智天皇（七世紀中ごろ）が造営した政庁の建物の礎石」とされていました。

さらに、もっと大変な事実が判明します。地表の礎石と下の礎石の間から焼土が大量に出てきたのです。焼土は、一帯で全面火災があったことを意味します。その焼土層から「安楽寺」（太宰府天満宮の前身）と刻印のある瓦が出土しました。

菅原道真公を弔う安楽寺ができたのは、道真公が亡くなった延喜三（九〇三）年より後。つまり、政庁火災は同年以降に起きたことになります。ここから藤井さんの推理が冴えました。焼土は「海賊を率いて朝廷に反抗し大宰府を焼き尽くした」と記録された藤原純友《すみとも》の乱（九四一年）によるもの、と推定されたのです。

大宰府は純友の乱で焼かれたのが最後で、火災後は再建されなかったというのが通説でしたから、それが根底から覆されたことになります。それまでの大宰府研究は、鏡山猛九州大学教授の「大宰府都城の研究」などが知られ、発掘も先駆者のそうした論考を基に進められました。しかし、初の本格的な発掘調査で、政庁は二度建て替えられた、などの新たな事実が分かってきたのです。

発掘で大宰府史を書き替えた藤井功さん
（中央。藤井絢子氏提供）

藤井さんは、大宰府史を書き換える新発見で集まった世間の注目を史跡保存に向けさせます。と同時に、多くの地元住民の「誇り」を呼び覚ますことに力を注がれたのでした。

史跡は地元で守る

豪放磊落《らいらく》でありながら、細かい気配りも持ち合わせ、ユーモラスなおしゃべりが得意。山形県酒田市出身の藤井功さんは、そんな方でした。

太宰府に着任後、史跡指定反対の地権者を一升瓶を提げて訪ねては説得。発掘現場でも事あるごとに作業員の方たちとお酒を飲み、コミュニケーションを取られていました。「あいさつ代わりに、作業員のおばちゃんたちのお尻に触ってやるんだよ」。今ならセクハラで追及されかねないような言葉でも、藤井さんが言えば周りはいつも笑いの渦。

藤井さんが実行されたのが、発掘作業員さんの地元採用でした。自ら訪問、頭を下げて頼まれています。そして、集まった作業員さんたちに発掘の目的などを説明されます。これは画期的なことでした。木簡《もっかん》や土器が出る現場を、地元住民が自らの目で確認できるのですから。遺物の意義も藤井さんが即講義です。

「史跡や文化財は地元住民が守るのが基本」が藤井さんの口癖でした。住民に足元の地域の歴史的な価値を伝えて「誇り」を呼び覚ます。それが未来への史跡保存につながる。そんな狙いだったと思います。藤井さんの着任二年後の昭和四十五（一九七〇）年、国は大宰府史跡追加指定を正式告示。藤井さんの功績が大であったのは間違いありません。

昭和四十七年、福岡県文化課に移った藤井さんは、埋蔵文化財発掘技師育成などに尽力されます。背景に、開発ブームでどこの自治体も事前発掘調査を迫られていた状況がありました。その指導力で九州の文化財行政のリーダー的存在になった藤井さんは、文化庁との人脈を生かし、西高辻信貞太宰府天満宮宮司や地元経済界と連携して九州国立博物館誘致に奔走。昭和五十九年に、県立九州歴史資料館副館長として太宰府に戻られます。

さあこれから、と周りの多くが期待したその翌年四月、バイクで出張する途中で倒れ、急逝。「疲レル、キョウ酒ヤリタクナシ、永遠ニヤスミナシ」と日記にあったそうです。

私に電話する時は「あなたの藤井よ」と高音で冗談を言う、いつも陽気な藤井さんでしたが、実は激務であったのだと思い知りました。

「史跡を守る仕事をしながら、余生を送りたいよ」。いつか私にそう漏らされた藤井さんの願いはかないませんでした。享年五十三でした。

大宰府発掘現場を見る藤井功さん
（昭和59年）

原点は岡倉天心か

「九州国立博物館誘致は美術運動指導者の岡倉天心が明治三十二（一八九九）年に設置を提唱したことに始まり……」。九州国立博物館開館セレモニー（平成十七年十月十五日）を華々しく報じた各新聞を読み、そんな書き出しに少し違和感を覚えました。九州人って、中央の有名人の言によってしか自分たちの歴史や文化の尊さに目覚めないのだろうか、と。というのも、天心より早く九州人によって「鎮西博物館」（鎮西は九州と同じ意）建設が提唱された経緯があるからです。

その先駆けとして、明治初期の三年間に三回「太宰府博覧会」が催されています。主催したのは、太宰府神社（現天満宮）宮司の西高辻信厳ら神職と、高原謙次郎（政庁正殿跡に石碑「都督府古址《こし》」を建てた善七郎の孫）ら地元の村長たち。「人々の知識を研《みが》き、文明の進歩に役立てたい」がその趣旨でした。

約二十年後、西高辻信厳や考古学研究家江藤正澄、文人画家吉嗣拝山《よしつぐはいざん》が、博覧会に込めた思いを具体的な形にした鎮西博物館を提唱します。明治二十六年十月二日付で内務省が許可。太宰府神社境内に建設すべく、募金などが始まります。が、日清戦争勃発で計画は凍結。実現されませんでした。

一方、天心が最初に九州に国立博物館設置の必要性を説いたのは明治三十年のこと。すでに開館していた東京、奈良、京都の三国立博物館のほかに、全国で十二の地方参考館（九州の博多または太宰府と熊本を含む）が必要、と論文で書いています。その二年後、福岡を訪れた彼は、福岡日日新聞（現西日本新聞）の取材に応じて「九州に於《おい》て博物館設立の必要を認む」と述べています。

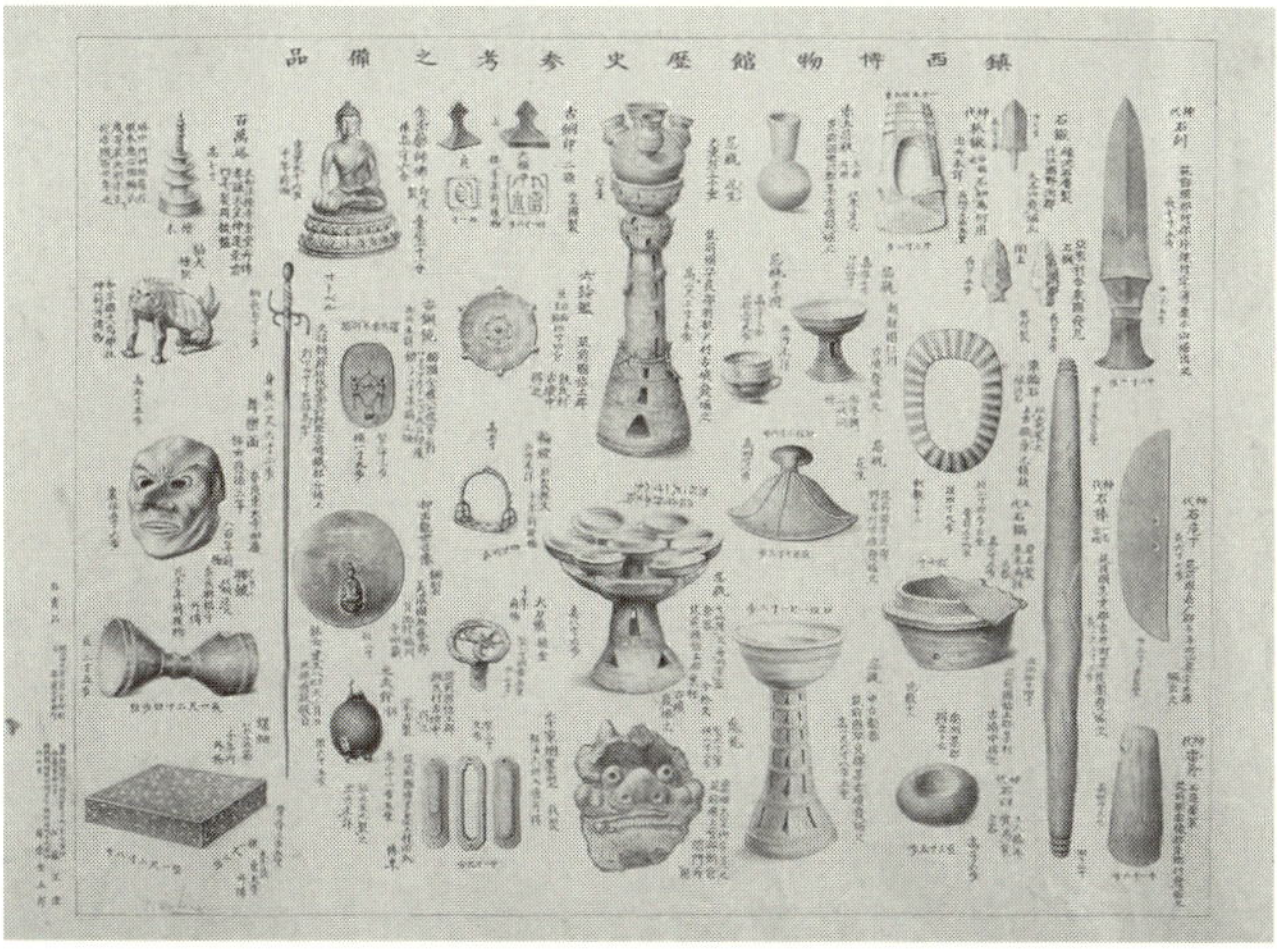

江藤正澄「鎮西博物館歴史参考之備品」（福岡市博物館蔵）

私が思うに、取材では挫折直後の鎮西博物館が話題になったはずです。福岡のそんな動きを応援しようと、天心は九州博物館を再度提唱したのではないか。天心の「必要を認む」発言が私にそう確信させます。

私は二十二歳で太宰府天満宮文化研究所に入る前から、西高辻信貞前宮司の熱意を身近で見てきました。九州国立博物館誘致を悲願としてきた地元の人々、とりわけ明治の信厳宮司以来、その中心にあった太宰府天満宮の役割を忘れてはいけないと思うのです。

西高辻信貞宮司の夢

岡倉天心は明治三十六（一九〇三）年、英文の著作『東洋の理想』を出しています。書き出しは「Asia is One（アジアは一つ）」。アジアから入った思想や宗教を基に日本は独自文化を築き上げたと説く天心は、「アジアとの文明交流史」を掲げる九州国立博物館の提唱者としてうってつけでした。

天心が前面にうたわれた背景には、国が昭和四十一（一九六六）年に明治維新百年記念事業で打ち上げた歴史博物館建設に福岡県が手を挙げたものの、挫折した経緯がありました。四十三年に瓦林潔九州電力社長を会長に国立九州博物館設置期成会を発足させたのに、翌年には千葉県佐倉市に国立歴史民俗博物館建設が決定。関係者に失望感が広がったのです。

瓦林会長らと度々、陳情に上京された西高辻信貞宮司の落胆も、大きいものでした。宮司は国側から言われたそうです。「博物館を望んでいるのは太宰府天満宮と一部の人では？」と。「天満宮が表に出るのは得策でない」との判断と、佐倉とは違うテーマを掲げるため着目されたのが、岡倉天心だったというわけです。彼の汎アジア論と知名度は確かに誘致に不可欠でした。アジアを意識していた宮司も後方支援を続けられます。

宮司のその原点は、九州大学国史学科（昭和十七年入学）での長沼賢海、竹岡勝也両教授との

長沼賢海教授（前列右から３人目）と竹岡勝也教授（同４人目）
（『わがいのち火群ともえて』［太宰府天満宮発行］より）

出会いでした。長沼氏は九州大学国史学科を確立、九州史学会を創設した人。竹岡氏は長沼氏より十歳年少で哲学者阿部次郎の弟。二人とも太宰府に住み、宮司に知的刺激を与えられています。特に竹岡氏とは都府楼跡によく同行、一緒にお酒も飲んで太宰府の歴史的意義を教わられたとか。竹岡氏の「太宰府はアジアとの接点」という言葉に感銘を受けた宮司は、その後の活動の根本理念とされます。

昭和二十三年に宮司に就任された信貞氏は、二十七年、戦後の太宰府研究の原点『太宰府小史』を刊行（筆者は長沼、竹岡両氏と郷土史家橋詰武生氏）。これ以降、『大宰府・太宰府天満宮史料』（竹内理三氏ほか編纂）の刊行や、私が昭和四十四年に入った文化研究所、太宰府文化の啓蒙を目的とする「太宰府顕彰会」の創設など、大宰府研究の礎づくりに貢献されます。宮司が、視線の先に九州国立博物館を見据えられていたのは間違いありません。

天満宮の中興の祖

　太宰府天満宮の西高辻信貞前宮司は天満宮中興の祖とも称されます。昭和二十一（一九四六）年、学徒出陣から戻った信貞氏は、国家神道が否定されて大打撃を受けた全国の神社と同様、厳しい現実に直面されます。今でこそ学業祈願などの参拝客でにぎわう天満宮ですが、当時は一日に何人か数えるほどだったとか。新しい時代に応答する神道を模索、職員たちと勉強会を催されます。

　初仕事は神社名改称でした。明治以降の「太宰府神社」を、それ以前の「太宰府天満宮」に戻されます。昭和二十三年、養父信稚《のぶわか》氏の跡を継いで三十八代宮司に就任。二十七年の御神忌《ごしんき》千五十年大祭（菅原道真公逝去から二十五年ごとのビッグイベント）に向けた本殿修復の資金確保のため、富くじや鉛筆の頒布も手掛けられました。大祭は神社のよみがえりとされ、社殿修理や本刊行など記念事業が行われます。菅公にちなんだ学業祈願のお守りなども宮司の着想でした。

　崇敬者総代（筆頭責任役員）として若い宮司をもり立てられたのが、西日本鉄道初代社長の村上巧児氏。募金活動の全国的な支援組織「菅公会」の結成や国・県費の補助申請の糸口を、村上氏がつくられています。新聞記者から政治家になった緒方竹虎氏や日魯漁業の真藤慎太郎氏ら、在京の著名な福岡出身者と宮司の交流も、村上氏の紹介からでした。

昭和五十二年の千七十五年大祭時は、福博財界を牽引する瓦林潔九州電力社長が菅公会会長として支援されます。書をされた瓦林氏は菅公を敬愛、宮司と信頼関係がおありでした。瓦林氏は昭和四十三年の国立九州博物館設置期成会に続き、五十二年に「誘致に本腰を」と西日本新聞社の提唱でできた「博物館等建設推進九州会議」の会長も受けられます。新聞社や天満宮との絆ゆえだったのでしょう。

　宮司は足元の太宰府では、竹馬の友で後に市長になる有吉林之助氏たちと「新生会」などを結成。地域の将来を話し合ったり、竹岡勝也九州大学教授と都府楼跡で一緒に瓦や塼《せん》（古代れんが）を採取して歴史を学んだり、講演会を催したりされます。

　多彩な人脈の宮司は、人の話に耳を傾け、最後に自説を言うタイプ。マスコミ人ともよくお酒を飲まれ、自ら声掛けした専門家による学術研究班の調整役も上手。誠実な人柄で、そこにまた人が集まるのでした。

戦後、太宰府で結成された新生会の方々
（有吉征介氏提供）

神社は共感の広場

「学者宮司」や「経営者宮司」あるいは「国際派宮司」「アイデア宮司」「文化人」……。太宰府天満宮の西高辻信貞前宮司は、その個性をいろんな呼び方で評されました。

学者宮司は、戦後、大宰府研究の礎となる調査研究になされた支援や自らの学問への情熱からでしょう。経営者宮司は、何といっても敗戦のどん底から天満宮を再興し「学問の神さま――天神信仰」を広めた手腕への評価から。車社会到来を見越した天満宮周辺への大駐車場整備にも、先見の明がうかがえます。「天満宮はなかなか商売上手。神社と言うより観光地だ」などの批判も一部でありました。でも、宮司は「単なる観光で来た人も『参拝者』として帰っていただく。神社は人々が集う喜びの広場なのだから」と、むしろ宗教観光に積極的でした。

国際派は、昭和三十五（一九六〇）年から一年、米ハーバード大学の大学院（比較宗教学専攻）に留学。帰国後はアジアからの留学生支援や、地元のロータリークラブを拠点に国際交流に尽力されたからだと思います。

多彩な存在感を発揮された宮司は、いつもこうおっしゃっていました。「神道は、単なるナショナリズムなどではない。神社は、もっと広く深い意味での古里人《ふるさとびと》の心のふるさと、共感の広場でなければならない」

戦前の国家神道が否定され、戦後の混乱を引きずる神社が多い中、宮司はいち早く新しい方向性として、自然との共生を打ち出されます。

「天神信仰は土着性、ローカリズム」ともおっしゃっていました。その地域の風土の中にあってこその天神さまであり、人々が集う神社であるということ。その原風景が「心のふるさと」につながるのでしょう。

西高辻信貞前宮司（左）と小鳥居寛二郎権宮司
（『わがいのち火群ともえて』より）

私は本書の冒頭で「心のふるさとを次世代に伝えたい一心で太宰府を発信してきた」と申しました。その原点は、二十二歳で文化研究所に入って以来、身近に接してきた信貞宮司への深い共感にあったのです。

晩年、宮司は日記や記録類を私に渡して「私が死んだら私の人生を書いてください」と言われ、胸つぶれる思いでお話をうかがいました。昭和六十二年の、くしくも道真公の命日と同じ二月二十五日に西高辻信貞宮司は身罷《みまか》られました。その生涯を、私は『わがいのち火群《ほむら》ともえて』のタイトルで本にさせていただきました。

詩人安西均と西高辻宮司

むかし
ここに大宰府正廰があった
身じろぎもせず眠っている
この寂しげな礎石のうえに
「遠《とお》の朝廷《みかど》」がそびえていた
旅びとよ
見えざる朱《あけ》の円柱に靠《もた》れて
しばしを憩《いこ》いたまえ
見えざる甍《いらか》を濡らす青磁の雨も
やがて霽《は》れるであろう……

私の母方の親類である現代詩人、安西均《ひとし》の作品「都府楼址《あと》」です。私が安西をよく知るようになったのは、西高辻信貞太宰府天満宮宮司を通じてでした。宮司は古典を踏まえた安西の詩がお好き。安西は宮司の幅の広さが好きでした。同世代の二人は互いのファンだったのです。

「フォーラム筑紫路をうたう」での鼎談。安西均氏（左）、若山旅人氏とともに

安西は筑紫村（現筑紫野市）生まれ。地元の師範学校中退後、新聞社や出版社に勤務しながら、現代詩壇で活躍。上京後は、日本現代詩人会の会長などもしています。古都太宰府を「私の詩の原郷」と評した安西と宮司とをつなぐキーワードが「心のふるさと」でした。

安西は、宮司に招待された三月の「曲水の宴」と旧暦九月十日の「秋思祭」についてこう書いています。「春の曲水の宴が〈艶《えん》〉の行事なら、秋の秋思祭は〈寂《じゃく》〉の行事として定着（中略）いかにも〈神道浪漫《ろうまん》派《は》〉と呼ばれる西高辻さんらしい」。

曲水の宴は、流れのほとりに座る姫や官人姿の男女が和歌を詠み、上流から流れてきた杯を飲み干すと、その歌が朗詠される催し。平安の宴が昭和三十八（一九六三）年、再現されました。秋思祭は、勅題の「秋思」に応えた詩に感激した醍醐天皇から御衣を賜りながら左遷された道真公の詩がモチーフ。その心情をしのんで昭和四十二年に始められています。

安西は、心の友・宮司の還暦記念に詩「樟《くす》の広場」を贈っています。

初夏の光にさわさわと磨かれてゐる
巨大な樟の若葉を仰ぎながら
あなたは聞くに違ひない
逞しい勢ひで噴き出してゐる
みどりの焔《ほのお》の轟《とどろき》を
地霊の雄叫《おたけ》びを
空のかなたに必ず聞くに違いない
神話の〈天《あめ》の磐樟船《いわくすぶね》〉が
天翔《あまが》けっていく櫂《かい》の軋《きし》りを……

（磐樟船＝樟で作った丸木舟）

平成六（一九九四）年、安西は東京で没。私は彼の息子夫婦と一緒に富士山を正面に望む富士霊園に行きました。文学碑公苑の墓に彼の遺髪と万年筆を納め、遺品は筑紫野市に寄贈されました。

信貞宮司も安西もいないある日の天満宮境内。空を見上げた私は、樟の梢《こずえ》の向こうの天空に、二人を乗せた磐樟船を見た気がしたのでした。

要の有吉林之助氏

九州国立博物館実現までの道程を語る時、有吉林之助元太宰府市長を忘れるわけにはいきません。大宰府史跡追加指定に絡み、地元側と向き合った当時の文化庁主任文化財調査官平野邦雄さんは、後に、こんな趣旨の文章を書かれています。

「文化庁、福岡県、太宰府町、町民の四者のどの歯車が欠落しても、大宰府の史跡保存はできなかっただろう。金銭の支払いで定められたことでなく、文化への強靭な連帯感というべきものが根底にあった。追加指定が実現していなければ、国立博物館誘致も実現しなかったろう」

協議の際の「好敵手」の一人として平野さんが挙げられたのが、当時、農協組合長だった有吉さんです。

私の古都大宰府を守る会文化部長拝命時は町長。市制施行で初代市長になる有吉さんは、昭和五十七（一九八七）年まで「歴史と緑豊かな文化のまちづくり」

改装された大宰府展示館前で有吉林之助氏、古都大宰府を守る会職員とともに
（古都大宰府保存協会提供）

に努められます。

有吉市政下の昭和六十年、私は市教育委員を委嘱されました。当時三十八歳。女性の教育委員自体が太宰府では初めて。悩みましたが、今村覚助役の「文化財も教育委員会の大事な課題」の言葉が胸に響き、お受けしました。

市長退任後、有吉さんは古都大宰府を守る会の理事長に就任。翌六十三年には、つくし青年会議所の提唱でできた市民団体「九州アジア国立博物館を誘致する会」会長も引き受けられます。平成四（一九九二）年、誘致する会は赤米を使った「愛の国博まんじゅう」を創作。有吉会長以下、関係省庁へ陳情の際に「愛の告白です」と持参したのも懐かしい思い出です。

有吉さんを実行委員長に据えて大宰府政庁跡で三回催した薪能、災害で破損した「戒壇院」の復興事業に伴う募金活動などなど。地元での大きな取り組みの重し、要になる方でした。

その原点は、西高辻信貞太宰府天満宮宮司たちと、戦後間もなく太宰府の将来像などについて語り合われた若者たちの親睦組織「新生会」にあった気がします。

宮司の博物館用地寄付の際、すき間の私有地について有吉さんが自らの所有地と交換して寄付されたのも、博物館実現が共通の夢だったからでしょう。宮司と二人三脚でした。

有吉さんは平成二十年十二月、八十九歳で逝去。葬儀では、ご本人と宮司が共にお好きだった唱歌「ふるさと」のメロディーが流されました。

まちづくりの中核・九州国立博物館

「ミュージアム九州」創刊

カタンと歯車が一つ前へ進みました。「博物館等建設推進九州会議」二代目会長の永倉三郎九州電力相談役が、昭和六十三（一九八八）年三月、九州各県から「九州国立博物館建設地を太宰府に」との合意を取り付けられ、事態が動き始めます。

同年六月、誘致運動の母体となる官民一体の九州国立博物館誘致推進本部が福岡県庁内に発足します。地元でも四月、つくし青年会議所が太宰府市など筑紫地区四市一町の各種団体に呼び掛けて「九州アジア国立博物館を誘致する会」（有吉林之助会長）を結成。一口百円で会員募集を始め、四カ月で十万人を突破します。

こうした地元市民や自治体、政財界を挙げての誘致運動を学術的に後押ししたのが、推進会議の機関誌「ミュージアム九州」でした。「文明のクロスロード」を副題とする同誌は、推進会議発足の翌昭和五十六年一月に創刊。年三回を原則に実に八十一号（平成十八年）まで継続されます。九州国立博物館の基本構想の骨格も、同誌スタッフを中心にまとめられました。当初の編集の中心は、後に福岡県知事となる奥田八二九州大学教授。九州の文化財や新しい博物館像に関する情報などの発信を続けます。

昭和五十八年に大分県・九重の九州大学山の家であった同誌編集会議合宿には私も出席。太宰府市の県立九州歴史資料館から亀井明徳さんと高倉洋彰さんもみえていました（お二人とも同誌編集委員長を経験されます）。私の中高時代の同級生、川口郁子さんも昭和六十年から、同誌編集の裏方スタッフとして加入。同じ目標をもつ者として心強い限りでした。

「ミュージアム九州」の編集会議

推進会議事務局は西日本新聞社内に置かれ、新聞社の歴代編集局長が事務局長を担当。省庁や政治家、地元財界との折衝に動かれました。坂井孝之編集局次長の情熱的な働きが印象に残ります。西日本新聞社の役割は大きかったと思います。私も、「古都大宰府を守る会」が「誘致する会」事務局を兼ねたことから、陳情によく同行しました。

平成八（一九九六）年三月、ついに文化庁は九州国立博物館候補地を太宰府市に決めます。全員のお名前を紹介できませんが、岡崎敬《たかし》九州大学元教授（考古学）をはじめ学識者、渡辺哲也元九電社長や剱木亨弘《けんのきとしひろ》元文相ら政財界の関係者、多くの地元市民の願いが実り、九州国立博物館が実現することになったのです。

風水思想を論じる

九州国立博物館候補地を太宰府とした文化庁の決定後、多彩な支援の催しが福岡で開かれました。私の印象に残るのは、平成二（二〇〇〇）年に福岡市であったアジア文明国際シンポジウム「大宰府学事始め〈2〉大宰府都城と風水」です。

七世紀後半に防衛拠点として築かれた大宰府は古代都城の理念に合致した風水都市か、がテーマ。パネリストは李夕湖《イソクホ》韓国国史編纂調査委員、脊古《せこ》真哉京都精華大学講師、石松好雄九州歴史資料館参事の三人。私がコーディネーターをしました。

風水は、都市や家、墓を造る際に地形や方位などから適地を選ぶ中国発祥の方法論のこと。古代日本に伝わり、現代日本でも都市工学や景観の面から再び脚光を浴びています。天の四方を司《つかさど》る神──北は玄武《げんぶ》、東は青龍《せいりゅう》、西は白虎《びやっこ》、南は朱雀《すざく》。奈良県明日香村のキトラ古墳などに描かれた四神を地形にあてはめ、満たす所が風水上、良い場所とされます。

養老律令によると、大宰府官職に「陰陽師《おんみょうじ》（古代中国の陰陽五行説を基に占いなどを行う）」があり、その仕事の一つが「相地《そうち》（土地を見る）」とされています。大宰府が風水都市だった傍証は多いのです。

シンポジウムでは、韓国・扶余《プヨ》（太宰府市の姉妹都市）からみえた李さんが「大宰府は吉相の

李夕湖、脊古真哉、石松好雄の各氏を招いての
シンポジウム「大宰府都城と風水」

地。政庁は風水地理上から生気を蓄える抱卵蔵風の形で扶余の王興寺とそっくり」と指摘。長年、大宰府史跡を発掘調査された石松さんは「大宰府は扶余の防備体制を念頭に造られた都城であり、政庁建設に地形の思想があったと考えられる」と話されました。

私自身も、大宰府政庁造営の背景に風水思想があったと確信します。政庁中枢部の正殿が同じ場所で二度も建て替えられたのも、そこが最も「気」のほとばしる穴《けつ》（龍穴）と観測されたからではないでしょうか。

シンポジウムの前には、狂言師で総合芸術家の野村万之丞さんが特別講演。百済から伝来した古代仮面劇の伎楽《ぎがく》を、アジアに舞台を広げた真《しん》伎楽として再生した万之丞さんは、汎アジア的な文化の共有を提唱されました。

大宰府都城の背景にある思想、宗教的儀礼、民俗芸能。アジアが源流の、そういった幅広い分野から九州国立博物館のテーマの一つ、大宰府を検証していくシンポでした。万之丞さんは平成六年に急逝。とても残念でした。

予想を超える入場者

この日を待ちかねた人たちが早朝から並んでいました。午前九時半の開館時には、何と約千人が行列。平成十七（二〇〇五）年十月十六日、九州国立博物館開館記念特別展「美の国　日本」が開幕しました。一番乗りは、太宰府小学校の男児三人組。

展示の目玉とされたのは、福岡市東区の志賀島で見つかった「漢委奴国王印《かんのわのなのこくおういん》」（福岡市博物館）、同じ工房で翌年に制作されたとされる「広陵王爾印《こうりょうおうじいん》」（中国・南京博物院）、漢委奴国王印と同じ蛇の鈕《ちゅう》（つまみ）の「滇王之印《てんおうのいん》」（同・中国国家博物院）の日中三つの金印。九州国立博物館の基本コンセプト「日本文化の形成をアジア史的観点からとらえる」を体現した文化財です。三輪嘉六館長は式典で「今日がまさに最初の一歩」とあいさつ。シルクロードを想像させる音楽演奏もあり、華やかな雰囲気に包まれます。

金印のガラスケースの周りは人、人、人……。薄暗い中で照明を浴び、時空を超えて輝く金印を誰もが食い入るように眺めていました。ほかにも奈良・正倉院の宝物や俵屋宗達（桃山・江戸初期の画家）の絵など超一級品が展示され、会場は人々の熱気でむせ返るようでした。

一階のアジア文化体験エリア（通称・あじっぱ）も遊具などを楽しむ親子連れで大にぎわい。私の三女依里《えり》も教育普及担当として、そこで大忙しでした。お隣の太宰府天満宮文化研究所に入った私の二十代のころを思い、感慨無量でした。

「美の国　日本」展は予想を大幅に上回る人気で、入場二時間待ちはざら。一日最多入場者数は二万二千人、入場者総数四十四万二千人と大成功でした。

入場者がつめかけた「美の国 日本」展

これ以降、「中国　美の十字路」「若冲《じゃくちゅう》と江戸絵画」などの特別展が年四回ほど催されています。平均入場者は十万人を超え、平成二十一年夏の「国宝　阿修羅《あしゅら》展」は、九州の展覧会では過去最多の七十一万人を記録しました。

阿修羅効果もあり、平成二十一年十月に入場者総数が七百万人を突破。岐阜出身の三輪館長を「九州の文化力をあらためて感じた」と驚かせます。

「地域との共生」を掲げる九州国立博物館の地元への経済効果に私は半信半疑でした。でも、それが実現しつつあるのは、美の国展や阿修羅展の際の「梅ケ枝餅を焼く暇もないぐらい忙しかった」という太宰府天満宮参道のお店の声に裏付けられています。

多彩に天神さま展

九州国立博物館で催された特別展で印象深いのは、平成二十（二〇〇八）年秋の「国宝　天神さま」展です。西日本鉄道の創立百周年と九州国立博物館開館三周年記念の特別展で、テーマは私に身近な「天神さま」こと菅原道真公の生涯と天神信仰の広がりでした。開幕セレモニーでは、道真公が主人公の人形浄瑠璃「菅原伝授手習鑑《すがわらでんじゅてならいかがみ》」の文楽人形が、主催者とともにテープカット。いい演出でした。

前にも話しましたが、村上巧児初代社長が戦後、若い西高辻信貞宮司をバックアップされるなど、西鉄と太宰府天満宮は縁が深く、両者の思いが一致。九州国立博物館や西日本新聞社などが加わって実現した特別展でした。

道真公の形見の品とされる「伝《でん》菅公遺品」（白磁円硯《えんけん》など）、その生涯を描いた「北野天神縁起絵巻」などの国宝、長崎県対馬など各地の天満宮や米メトロポリタン美術館所蔵の多彩な至宝が集まりました。中でも対馬の「天神縁起」は新発見資料で、地方に埋もれていた絵巻に光が当たりました。九州国立博物館に期待される「九州の文化の底上げ」の実践例として意義があったと思います。企画担当の松川博一さんは以前、私が一緒に展覧会などを企画・実行した九州国立博物館の若手研究員。彼の熱意がうかがえる展示内容で、私も同展の図録に「天神さまのまつり」

の題でコラムを書かせていただきました。

この天神さま展で、面白い試みが二つありました。

一つはネットを使っての全国からの「天神さま情報」募集。寄せられた各地の「身近な天神さま伝説」などの情報や写真がプリントアウトされ、壁の大きな日本地図に張り付けられていました。展覧会場に来られない全国の人々を対象に、双方向で情報発信する展覧会の可能性を感じさせました。

西高辻信良宮司、三輪嘉六館長とともに
文楽人形もテープカット

二つ目は、道真公が「自らの無実を天に訴えた」とされる天拝山から仰いだ千百年前の星空の再現。データからパソコン画面で再現した、いわゆるプラネタリウムですね。道真公の末裔《まつえい》の西高辻信良太宰府天満宮宮司は「時空を超え、同じ星空を見上げたであろう道真公の心情に共感できた」との感想でした。

秀逸だった天神さま展のキャッチコピー「人生が、国宝だ。」と同様、優れた企画力や物語性が人を引きつけることを私は再認識しました。

市民との共生を目指す

九州国立博物館三階の特別展示室で催される特別展は、新聞社やテレビ局の主催で注目度が高いのですが、一方、四階にある常設の文化交流展示室はそれほどではありません。ここの展示も工夫されているので、ぜひご覧いただきたいですね。

従来の博物館は「見たい人だけが見ればいい」展示が主流だったのではないでしょうか。不用品を指す「博物館行き」の言葉が象徴した古いイメージ。九州国立博物館は、そんな旧来の博物館像を吹き飛ばしています。

それを象徴するのがエントランスホールの「定礎」。一昔前なら、時の首相か文部大臣が書くところでしょう。「市民との共生」を目指す九州国立博物館は、選考で選んだ地元中学生に書いてもらっています。「学校よりも面白く、教科書より分かりやすい」。九州国立博物館が掲げる目標から、いかに「分かりやすさ」にこだわっているかお分かりでしょう。四階の展示室もまさにそうです。

なぜ文化交流展示なのでしょうか。三輪嘉六館長によると「日本文化が外来文化の模倣だけでなく、消化、蓄積して独自の世界を創造してきた道筋を示したいから」だとか。基本コンセプト「日本文化の形成をアジア史的観点から捉える」に沿って、全体テーマを「海の道、アジアの路《みち》」

と設定。その下に、①縄文人、海へ、②稲づくりから国づくり、③遣唐使の時代、④アジアの海は日々これ交易、⑤丸くなった地球 近づく西洋、の五テーマを設けています。基本展示室と十一の関連室で、アジアとの文明交流を示す品々や映像が見る者の五感を刺激する構成です。例えば③遣唐使の時代のコーナーでは、遣唐船による交易品の展示（当時と同じ製法での復元品が中心）が人気。自由に触れる点が魅力のようです。新鮮さを保つため、四階の展示品約八百点中、毎月数十点を入れ替え、展示技術も駆使されています。

実は私は九州国立博物館開館以来、独立行政法人国立文化財機構外部評価委員会博物館部会の委員をしています。同機構所管の六施設（東京、京都、奈良、九州の四国立博物館と東京、奈良の二文化財研究所）の業務報告書に目を通し、実際に足も運んで総合評価する役目。九州から私一人で重責ですが、勉強になります。

「市民との共生」を熱く語る
三輪嘉六館長

九州国立博物館は展示や教育普及、研究、保存面で努力されていると思います。

昔のやり方に帰る

千年以上前から行われてきた文化財の保存方法が、九州国立博物館では最先端システムになっています。私はすっかり感動しました。「ＩＰＭ（Integrated Pest Management＝総合的病害虫管理＝の略称）システム」です。紙や木、漆など有機素材が多い文化財の保存管理は、博物館の重要なテーマ。その管理に九州国立博物館では、主に農業で実践される病害虫防除のＩＰＭシステムを取り入れています。

発端は平成九（一九九七）年、カナダでのモントリオール議定書締約国会議。虫やカビを駆除する薫蒸剤の構成物質・臭化メチルの平成十七年末までの全廃がうたわれたのです。今や世界的テーマの地球温暖化防止問題。オゾン層破壊物質の臭化メチル全廃は時の流れなのでしょう。

では、戦後普及した化学薬剤に頼らず、どうやって虫やカビから貴重な文化財を守るか――。人力です。手作業で、ゴキブリやハエなどを駆除する粘着剤を塗ったマットを要所に配置。カビや塵埃《じんあい》汚染を防ぐため、室内のクリーニングなどを徹底的に行って文化財を守るのです。

三輪嘉六館長はおっしゃいます。「奈良の正倉院などが保管する宝物は、古代ローマのような出土品ではなく伝世品《でんせいひん》。人の力で守られてきた。その昔のやり方に帰るんですよ」

昔に帰る――。私は、平成三年の「梅花の宴」再現で古代食復元にかかわった田代浩子さんの言葉を思いました。「今より豊かだった万葉時代の食の復元は、食の原点探しだった」。その食の原点を伝えようと、田代さんたちが「太宰府食研究会」を結成されたのは前に話した通りです。

手作業で総合的病害虫管理に取り組む
ＮＰＯ法人文化財保存活用支援センターの人たち

九州国立博物館の文化財保存管理の責任者が本田光子博物館科学課長。主婦業の傍ら、九州歴史資料館などで遺物の保存や修復のアルバイトをしながら勉強され、別府大学教授（文化財学科）を経て九州国立博物館に来られた方です。

本田さんが九州国立博物館完工前に着任した時、完工時の全館薬剤薫蒸予算が付いていたとか。彼女は「文化財を守る場所が、人や環境に危険な影響を及ぼすことはしたくない」と、三輪準備室長（現館長）に相談。委員会で薬剤回避の妥当性を検討した三輪さんは、回避を決断されます。

「自然や人、物との共生」を目指す九州国立博物館でのＩＰＭの出発点でした。

市民協同型ＩＰＭ

九州国立博物館は人力によるＩＰＭシステムを導入している、と言うと、そんなに職員が多いのと驚かれるかもしれません。人力の提供者は市民ボランティアです。その募集に千人近い応募があったそうです。結局、開館時の一期ボランティアには二百九十八人が登録（任期三年）。教育普及や館内案内（英語、韓国語など）、環境、イベント、展示解説、学生、の各部門で活動。現在は二期の三百八十八人に継承されています。

このうちＩＰＭシステムを支える実動部隊が環境ボランティアの皆さん。全体の一割の約三十人（二十〜八十代）が班別に活動されています。その主な役割は、①ウオッチング（館内パトロールによる虫やカビ、汚れの観察や記録、報告）、②メンテナンス（収蔵庫エリア周辺の清掃など）、③データの収集整理（展示室などでの捕虫器の設置や交換、捕虫データ、温湿度記録）などなど。市民目線からの館内監視が、環境ボランティアの役目です。

このＩＰＭには、ＮＰＯ法人「文化財保存活用支援センター」もかかわっています。こちらは、ケースに入れていない展示文化財や収蔵庫の日常的メンテナンス（点検やクリーニング）が主な役割。スタッフは学芸員の有資格者で、より文化財に身近な所で日々業務をされています。

同ＮＰＯの森田レイ子代表は、大宰府史跡を掘っていた九州歴史資料館の森田勉さんの夫人。

ご主人が交通事故で死去後、学校教師を辞めて夫と同じ文化財関連の道へ。平成二十（二〇〇八）年には会社も設立されています。

本田光子さん（左）と森田レイ子さん

九州国立博物館の本田光子博物館科学課長にしても、森田さんにしても、主婦や教師から新たに入った分野で実績を挙げられているのですから、本当に感心します。大学時代に関連の勉強をされたとはいえ、「主婦も頑張れば潜在能力を発揮するチャンスがある」ことのお手本になるようなお二人です。

環境ボランティアやＮＰＯとともに「市民協同型ＩＰＭ」に取り組む九州国立博物館で、その方針を具体化した一つがバックヤード（裏庭）ツアーです。二階収蔵庫の通路側に窓があり、博物館の心臓部を見て回ることができます。案内役は市民ボランティア。文字通り市民参加の博物館です。

地域づくりの核

九州国立博物館は、地域における文化拠点の役割も果たしています。三輪館長は一九六〇年代後半、大宰府史跡発掘調査を指揮した藤井功さんと奈良国立文化財研究所の元同僚。「藤井さんが苦労した大宰府史跡の保存や利・活用が九州国立博物館の原点」と、よくおっしゃいます。大宰府史跡を生かしたまちづくりにかかわる意欲は十分なのです。

一方、太宰府市側も九州国立博物館開館を前に「まるごと博物館」構想を発表。一五％が史跡地の市全体を〝屋根のない博物館〟に見立て、九州国立博物館を核にしたまちづくりを目指しています。

その事業の一つが平成十七（二〇〇五）年開設の「太宰府発見塾」。市民が身近な歴史遺産を発見し、まちづくりに生かしていく塾で、私が当初から塾長を任されています。九州国立博物館のスタッフの方々にも塾の講師を務めてもらっています。

九州国立博物館や市、太宰府天満宮などによる合同イベントも催されています。例えば毎年九月の「古都の光」（太宰府ブランド創造協議会主催）。天満宮の伝統行事である「千灯明《せんとうみょう》」に合わせ、九州国立博物館の開館一周年記念として平成十八年からスタート。今や太宰府の秋の恒例行事になっています。当日は九州国立博物館など数カ所で点灯式があり、天満宮の門前町や観世音寺、水城跡が灯籠《とうろう》や提灯《ちょうちん》などの幻想的な光で彩られます。ポイントごとにコンサートなどもあり、秋の夜の風情を楽しむ市民などでにぎわいます。

秋の恒例行事になった「古都の光」

こうした取り組みについて私は、独立行政法人国立文化財機構外部評価委員会博物館部会委員の一人として、こう評しました（平成十九年度）。「九州国立博物館はまちづくりの中核となり、地域活性化と地方文化の底上げに大きな役割を果たしている……」

九州国立博物館は開館前から、地方文化に焦点を当て、底上げしていく取り組みをしています。「無形民俗文化財映像アーカイブス」構築が、それ。地元への恩返しなのでしょう。「筑紫平野の稲作行事」のような足元の伝統行事から始まり、今は福岡県全域に拡大。私は監修を委嘱されています。

なぜ私にその役目が回ってきたのか。話は、足元での『太宰府市史　民俗資料編』の編纂にさかのぼります。

物語に彩られた
地域文化の継承

市史編纂委員会が始動

『太宰府市史』編纂は、市制施行前の太宰府町時代からの大きな懸案事項でした。編纂が具体化した昭和六十（一九八五）年当時、市の方針は行政史の刊行でした。が、藤井功九州歴史資料館副館長が「歴史ある太宰府市がそれではいけない」と反対。初代市長の有吉林之助さんはこれに応じられます。

『太宰府・太宰府天満宮史料』編纂者の一人でもあった川添昭二九州大学教授を委員長に、中村質《ただし》九州大学教授（近世史）、高倉洋彰西南学院大学教授（考古学）を副委員長に据えて、編纂委員会が始動します。私もその委員会に名を連ね、高倉さんや市担当者と一緒に、奈良や京都に市史編纂の調査に行きました。そして、古代から近代史、美術、工芸など各分野の福岡県内トップ級の方々が編集委員に就任。平成四（一九九二）年から十二年がかりで、人口七万規模では異例の市史全十四巻が刊行されます。

私は佐々木哲哉元西南学院大学教授（民俗学）と「民俗資料編」「年表編」の編集委員を仰せ付かりました。それまで私は、昭和五十四、五十五両年度の福岡県教育委員会による緊急民俗文化財分布調査に参加し、宝満山麓の筑紫野市原、太宰府市北谷地区を調査。聞き取りを基に昭和五十五年には、社団法人・農山漁村文化協会刊行の『日本の食生活全集 福岡』で「筑紫平野の

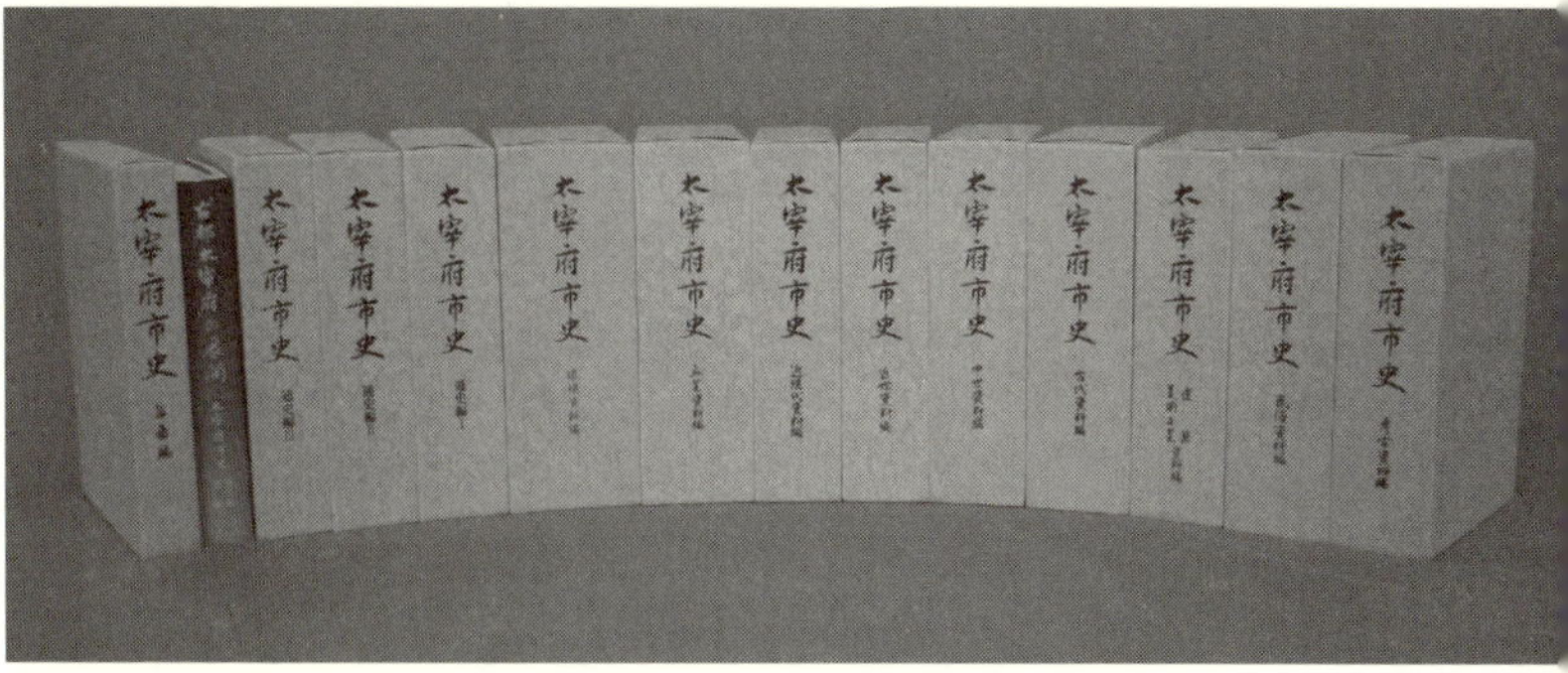

刊行された全14巻の『太宰府市史』

食」を執筆していました。この調査には、福岡県文化財保護審議会専門委員会民俗部会長の中村正夫九州大学教授（社会学）や、宗教文化懇話会で筑紫豊先生らと活動されていた佐々木先生からお誘いを受け、参加しました。

『太宰府市史』では、民俗調査経験が不十分との自覚があったので、経験豊富な佐々木先生に私がお願いし、編集委員に入っていただきました。

実を言うと、編纂委員会での「民俗資料編」刊行決定時は戸惑いました。考古・文献資料の膨大な蓄積に比べ、民俗資料は皆無に等しかったからです。一方で、無理してでも取り掛からなくてはとも思いました。戦後の急激な社会生活や生産様式の変化で、伝承されてきた日常の風俗習慣、用具などが急速に消滅しつつあるのを、肌で感じていたからです。

交流のあった市民団体の応援を得て、一刻の猶予もなしとの危機意識から聞き取り調査が始まります。

貴重な証言を得る

「十年遅かったよ。昔のことを知っとる年寄りはいなくなっとるもんなぁ」。『太宰府市史 民俗資料編』の調査で、古老に告げられた言葉です。ただ、ある地区で消滅したと思われた民俗事象が他地区に断片的に残り、つなぎ合わせると一つの形が判明する。そんな事例がありました。嫁入り前の娘さんたちが地域の三十三カ所の観音霊場を巡拝する「札打ち」や宝満山で行われた「十六詣《まい》り」など、通過儀礼の話も聞けました。

私が興味深かったのが十六詣り。十六歳になった男女が旧暦四月八日（十六日に行った地区もあるようです）、宝満山の竈《かま》門《ど》神社上宮にお参りした行事です。古老によると「女は久留米絣《がすり》の紅絣の短着に、赤い腰巻きを着用。黒の手甲《てつこう》・脚絆《きやはん》に紅白の後掛けの付いた竹皮の草履をはいて、手ぬぐいをかぶった装束で登った」とか。帰りには「シャクナゲの枝に糸の付いた丸いオコシ（お菓子）を下げたものを、お土産にいくつも持って帰り、宝満詣りのお祝いをくれた親戚に配って回った」そうです。

私が感動したのは、女性がこの時着た着物は洗濯せずにそのまま取っておき、初夏の田植え時にそれを着て「早乙女」になったという点。成人儀礼であり、山の神を乙女の衣服やシャクナゲに依《よ》り憑《つ》かせて田の神として迎えるという十六詣りの古い形と本義（春、山の神を迎えて田の神とするという民俗学者柳田国男の学説に通じる）が、この証言で後世に伝えられると思いました。
十六詣りで、男は一生金銭に困らないことを、女は良縁を、それぞれ祈ったとされます。山を登り切ることが成人の証しとされる意があったでしょうし、竈門神社祭神の玉依姫《たまよりひめ》は「御子守《みこもり》の神」とされることから、成人したことを感謝し、将来の守護を祈る意もあったのでしょう。

「札打ち」に出発する娘さんたち（太宰府市市史資料室提供）

宝満山への十六詣りが福岡県下一円から見られたのは、戦前まで。戦後の学制改革で廃れてしまいます。

身近にあったそんな昔の風習の調査を応援してくれたのが「太宰府古文書を読む会」や「太宰府アカデミーの会」「太宰府を語る会」などの市民約四十人。市内を二十地区に分け、五人一組で徹底調査しました。長い月日を経て記憶の底に沈んだものを掘り起こしてもらうため、何度も聞き取りに通ったお宅もありました。

執筆にも市民参加

平成五（一九九三）年四月、『太宰府市史』第二巻「民俗資料編」が刊行されました。調査期間は昭和六十二（一九八七）年秋から平成二年夏まで足掛け三年。補充調査と執筆に、さらに三年をかけての完成でした。「民俗環境」「社会伝承」「生活伝承」「信仰伝承」など六編で構成された第二巻について、聞き取り調査を指導した佐々木哲哉元西南学院大学教授（民俗学）は「学生による調査と異なり、生活体験を基本に持つ地元市民による調査だけあって、精度がとても高い」と評されました。

「民俗資料編」刊行でとても意義があったと思うのは、調査だけでなく原稿執筆にも市民からの参加があった点。「太宰府古文書を読む会」の中島伊佐子さんや坂口繁好《しげこ》さん、髙瀬美代子さん、陶山雪代さんたちです。この会について話しておきましょう。

もともとは「子どもに良い本を」と、お母さんたちが始めた地域文庫活動の会員有志の集まりです。私が一緒に太宰府絵図や画文集を刊行し、やはり文庫活動に熱心だった長野ヒデ子さんの縁で、中島さんと知り合ったのがきっかけでした。

児童文学の昔話に関心を持つ中島さんは、当時、鹿児島市在住だった童話作家椋《むく》鳩十さんの勧めもあって「太宰府の昔を聞く会」を模索中でした。私が宝満山麓で聞き取り調査をしていたころで、すぐに意気投合。ある日、古典文学に詳しい前田淑《よし》福岡女学院短期大学教授の話を一緒に聞きます。「私も古文書を読みたい。教えて」と中島さんから私に話があったのを機に、昭和五十八年に古文書を読む会が発足。私も会員になり、楽しい勉強会が月に二回、今も続いています。

佐々木哲哉先生、「民俗資料編」執筆の方々と

その勉強会で解読してきた「水瓶山雨乞《みずかめやまあまごい》史料」など太宰府関係の史料も、「民俗資料編」に「民俗関係文献」として収録されています。

こうして自ら調査したことを自ら執筆して市史作りに参加した体験は、古文書の会会員の向上心を大いに刺激します。古い石碑などの拓本を採る「拓友会」や珍しい木などを調べる「椋の会」など、会員はさまざまな方向へ活動を拡大します。

熱意が高じて本を出す会員も現れます。八尋千世さんは、独自調査をまとめた『太宰府天満宮むかしがたり・石造物のおはなし』を平成十七年に出版。高瀬さんも同二十一年、エッセー集『梅が香に』を出されました。

市民活動の広がり

『太宰府市史　民俗資料編』作りに参加した市民有志のその後の活動は、大宰府史跡保存運動にもつながります。

「拓友会」は、集めた拓本を複合文化施設・太宰府市文化ふれあい館に寄贈。同館は、それを基に展覧会「拓本で綴る太宰府の恵比寿さま」、さらに「拓本でたどる保存の心」展を開催します。大きな木や珍しい木を調べる「椋《むく》の会」は、市内の対象の木全部をチェックする調査を展開。その成果をまとめ、太宰府市環境課が「太宰府の樹木と鎮守さま——人に出会い、木に出会い」の表題で出版しました。

両グループで活動されていたのが「太宰府古文書を読む会」の中島伊佐子さんや八尋千世さん、藤田百合子さんたち。「市民による太宰府の文化財保護の基礎作業」でした。

ところで、文化ふれあい館の紹介はまだでしたね。市が平成八（一九九六）年、四王寺山麓に水城跡と太宰府天満宮を結ぶ「歴史の散歩道」の中核施設として開設したのがこの施設です。ふれあい館の運営を曲折を経て委託されたのが、私が所属した財団法人「古都大宰府保存協会」。保存協会は、政庁跡横の大宰府展示館の運営も委託されていましたから、文化部長兼事務局長だった私は結構忙しくなります。

ふれあい館は、①歴史や自然に触れて憩える場、②歴史と文化関連の生涯学習、③考古学、民俗学などの史料収集や展示が目的の市民向け施設で、常設展示は行わないのが特徴。換言すれば、

大宰府政庁跡の石碑の拓本を採る拓友会会員
（藤田百合子氏提供）

定期的な企画展や市民が参加する事業を工夫しなくてはなりません。市内の小学三、四年生の社会科授業支援の「くらしのうつりかわり展」を始めたのも、その一環。市史民俗資料編の調査を踏まえ、今も毎年一～三月に開催しています。

その関連で、児童に四季の行事食や遊びを教える事業も催し、地元のお年寄りなどが協力されます。市民講座・大宰府アカデミーで学んだ知識を基に活動を始めた史跡解説員（昭和六十年創設）と同様、ボランティア精神ですね。そうした市民活動の系譜が、九州国立博物館ボランティアの方々の多彩な分野での活躍にもつながっていると思います。

冨永朝堂先生の記念展

太宰府市文化ふれあい館が開館した平成八（一九九六）年は、文化庁が「九州国立博物館の建設候補地は太宰府」と正式に決定した年でもありました。

ふれあい館は大宰府展示館より規模が大きく、展示テーマも限定されない複合文化施設。いろんな催しができました。私は、保存協会採用の学芸員たちと次々に企画展を催します。印象に残る展覧会を紹介しましょう。

まず「彫聖 ── 冨永朝堂《ちょうどう》生誕百年記念展」（平成七年三－五月）。福岡市出身の朝堂先生は大正・昭和期を代表する木彫家。後半生には中央を離れ、大宰府政庁跡の横にアトリエを構えて創作活動を続けられました。

西高辻信貞太宰府天満宮宮司と親交があり、宮司の晩年、私もよくお供して先生宅に伺ったものです。訪ねると、茶室に通されます。凛《りん》とした空気。釜に湯の沸くチンチンと微《かす》かな音がするだけ。静寂の中で夫人のお点前が進みます。先生は寡黙な方でしたので、宮司とそれほど会話は交わされません。でも、お二人の心が通い合っているのが傍らで見ていて分かったのです。とても居心地のよい時間でした。

ちょっと口ごもり、はにかんだように話される先生の言葉の端々に、己の精神を磨くことの大

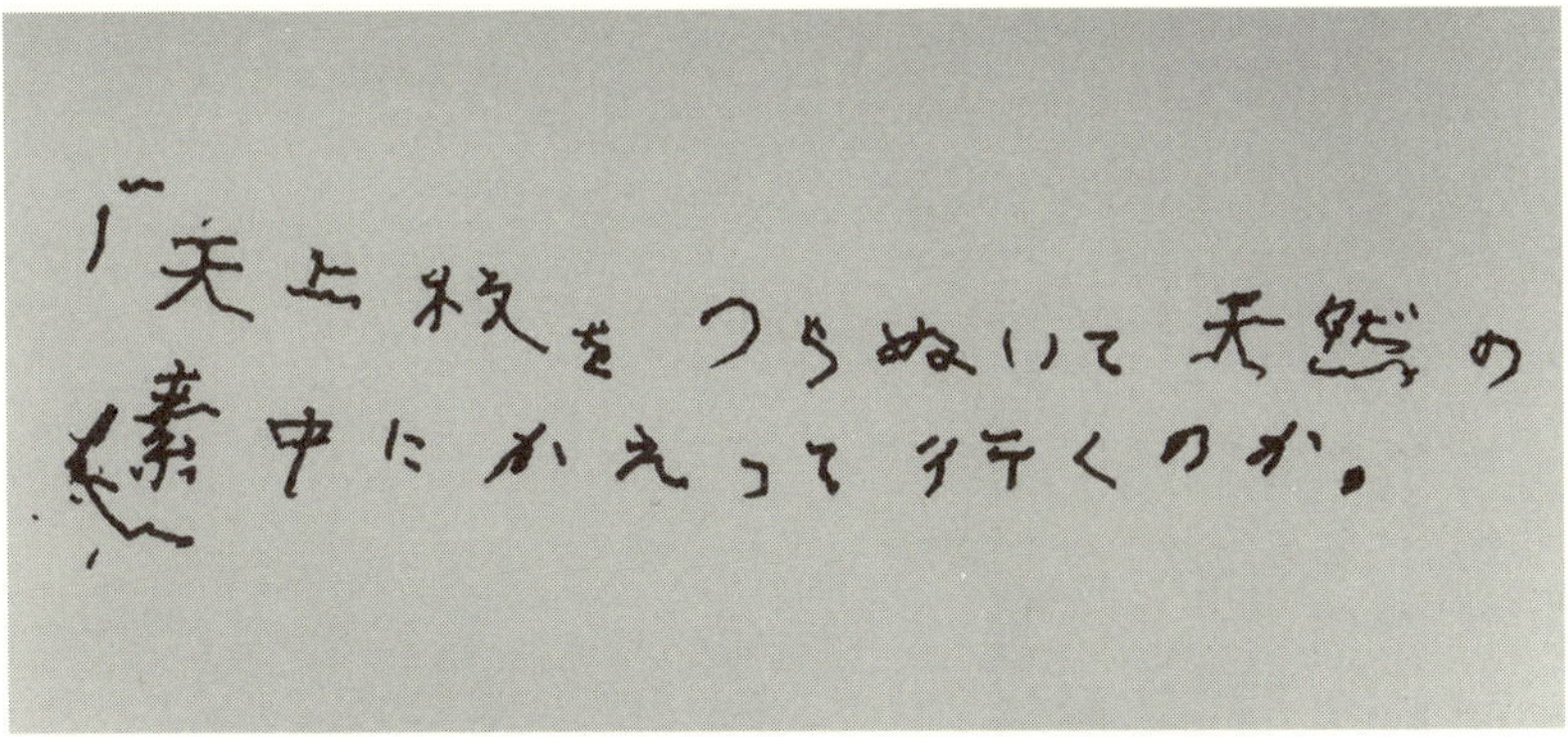
「天上板をつらぬいて天然の
素中にかえって行くのか。

冨永朝堂先生が遺された最後の言葉（冨永治夫氏提供）

切さをいつも教えられた気がします。中央での栄達の道を断ち太宰府に住まわれた先生の周りには、俳人河野静雲、観世音寺住職石田琳圓《りんえん》、写真家片山攝三《せつぞう》の各氏がおられ、万葉時代を思わせる文化的雰囲気でした。先生の地元での功績とされるのは、戦後すぐの観世音寺復興支援や昭和四十四（一九六九）年の「筑紫美術協会」設立（初代会長は朝堂先生）です。

記念展では、帝展（現日展）で初入選された「雪山の女」やサンフランシスコ万国博覧会に日本政府が出品した「谷風《こくふう》」「永劫の焔《ほのお》」など、数々の遺作を展示しました。

遺作といえば、先生最後の作品は天満宮参道の突き当たり、西高辻宮司邸前に据えられた「御神牛像」。豊かな質感の黒光りする作品です。

記念展の図録は、万感の思いを込められた朝堂先生自筆の辞世の詞《ことば》で閉じました。

「天上板をつらぬいて天然の　素中にかえって行くのか」

能への思い果たす

太宰府市文化ふれあい館で開催した企画展「能舞台筑紫路」（平成九年秋）も、印象に残ります。

私は子どものころから、一族が集まるとお謡や博多にわかが出て、祖父がお仕舞（面を付けずに能の一部を舞うこと）を披露する環境で育ちました。当時こんな習慣を持つ博多の商家は多かったと思います。

でも、私が本当に能の奥深さを知ったのは学生時代、同じ寮住まいの先輩に誘われて能楽部に入ってから。自演会を催したり、能楽を鑑賞したりしていました。豪華な衣装の演者が抑制した動きの中で、胸に秘めた情念を表現する。その伝統美に魅了されました。

大学卒業後、太宰府で活動するようになった私が夢見たことの一つが、大宰府政庁（都府楼）跡での薪能の上演でした。昭和五十八（一九八三）年、地元の太宰府市商工会青年部を中心に実行委員会を結成し、夕闇迫る都府楼跡で薪能が上演されます。昭和六十三年と平成四（一九九二）年にも、薪能は催されました。

この間、私は地元のＲＫＢテレビ・ディレクターの城内《しろうち》彰秀さんと「ふるさとわが町 能舞台筑紫路」などの番組を制作。番組では私がリポーター役を務め、演目にまつわる場所に実際に出掛けて、登場人物の心理などについて解説しました。素晴らしい撮影技術で叙情豊かに仕上がったその作品は、ＪＮＮネットワーク協議会賞を受けています。

番組で紹介したのは、太宰府が舞台の「藍染川《あいぞめがわ》」「老松《おいまつ》」、筑前の国芦屋（芦屋町）の「砧《きぬた》」、同木の丸の皇居（朝倉市）の「綾鼓《あやのつづみ》」など、福岡県が舞台となる能。私は制作を通じ、それぞれに共通した情感が通底していることを肌で感じました。「あまざかる鄙《ひな》（都を離れた地）」の九州が舞台だからこそ生じてくる切々たる情感です。以来、私はいつか「筑紫路の能」をあらためて地域内外にアピールしたい、と思っていました。ふれあい館での「能舞台筑紫路」展で、積年の思いを果たせたのでした。

企画展「能舞台筑紫路」のポスター
（太宰府市文化ふれあい館提供）

実はこの年六月、高橋良平古都大宰府保存協会理事長（元九州大学学長）が就任一年余で急死。「回向《えこう》」（死者の成仏を祈る意）をテーマにした曲が多い能の展覧会は、故人に捧げる意図もあったのでした。

『太宰府発見』本に

再び転進の潮時だったのでしょう。平成九（一九九七）年末、私は十六年間在籍した「古都大宰府保存協会」（旧古都大宰府を守る会）を退職します。退職の理由はいくつかありますが、主たる理由は本出版の準備でした。昭和五十（一九七五）年に出した『宝満山歴史散歩』の再版のお話を、葦書房からいただいたのです。初版刊行から二十数年を経て考古学的にも文献的にも新しい成果が出ていたので、私は全面的改訂を提案しました。

西南学院大学の非常勤講師や九州歴史資料館発掘三十周年記念展担当を務めながら、再取材や資料整理などを進め、平成十二年五月に改訂版を刊行しました。

続けて、葦書房から本出版の話が持ち込まれます。「太宰府歴史散歩」を出したらどうか、と。この話は魅力的でした。古都太宰府を扱った「太宰府本」が長く出ていなかったし、九州国立博物館設置も決定。市民講座・大宰府アカデミー開催や史跡解説員誕生など、新しい要素が数多くあったからです。

独自の切り口で展開したかったので、本の構成は第一章「遠の朝廷」、第二章「防衛都市・風水都市」、第三章「筑紫万葉の世界」、第四章「梅と樟によせて」、終章「九州国立博物館への道」にしました。

書き出しは平成十四年四月七日（旧暦二月二十五日）、太宰府天満宮で行われた菅原道真公御《ご》神忌《しんき》千百年大祭の一場面の描写から始めます。夕闇が迫るころに始まる古式祭の場面です。

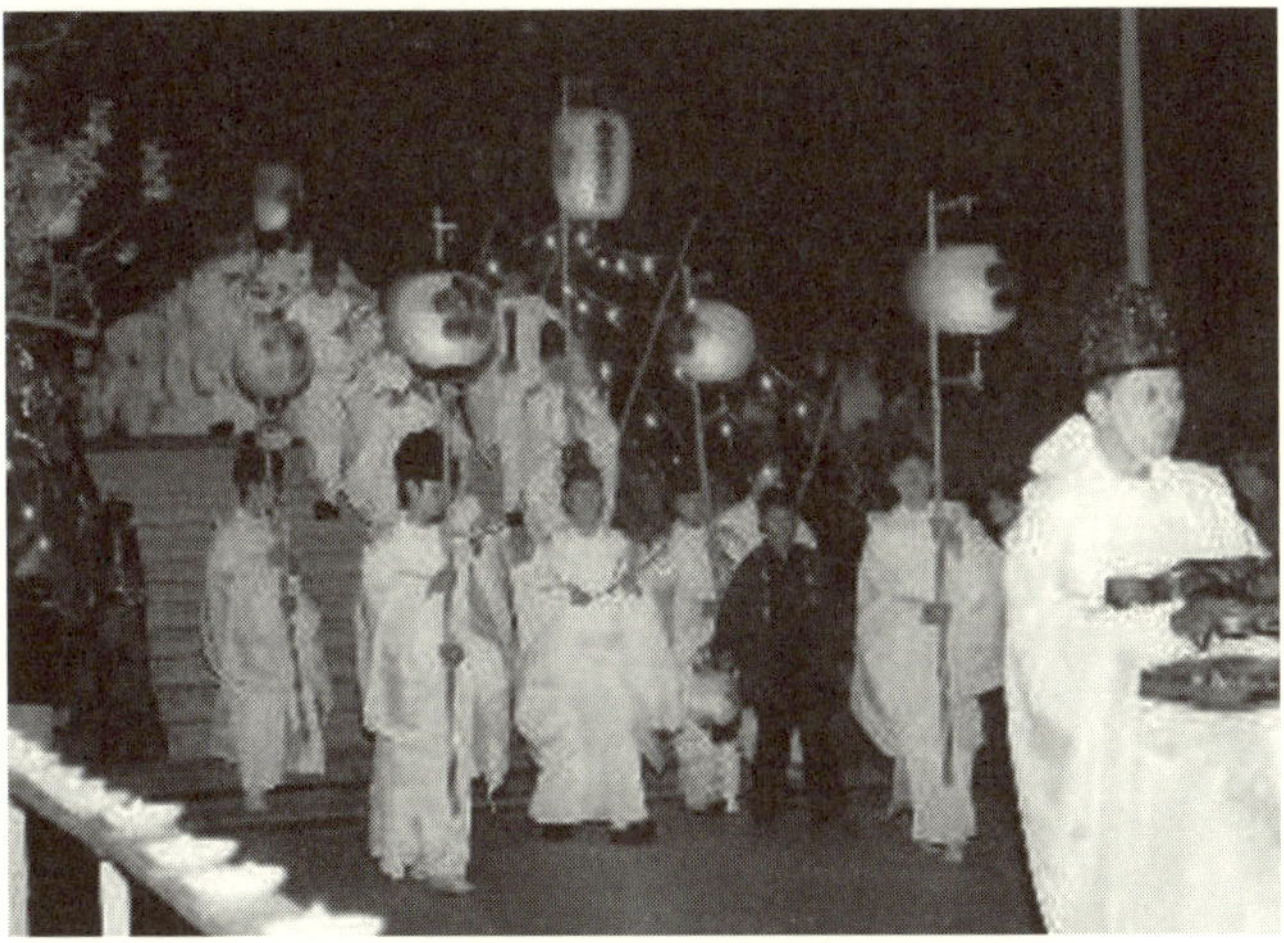
継承を印象づけた太宰府天満宮御神忌千百年大祭古式祭
（太宰府天満宮提供）

深い静寂《しじま》の中で「ドン　カン」と太鼓と鐘の音が響き、たいまつの火に導かれて粛々と進む神職の列――。それぞれ真っ白い斎服《さいふく》姿。冠に白い梅花をかざし、手に一枚の梅。先頭は次期宮司を継承される西高辻信宏権宮司。ご子息に先導されて信良宮司もゆっくりと歩を進められる。行列には幾組かの父子の姿が見られ、いずれも神職の私の夫五郎と長男太郎《たろう》も、その中にいました。

今この時が悠久の歴史のほんの一瞬であっても、こうして親から子、子から孫、一つの世代から次の世代へと伝統が受け継がれていく……。「継承」を目の当たりにした私は、その感動を序に代えて書きました。

本は平成十五年二月、葦書房の元社員が起こした海鳥社から『太宰府発見』の表題で出版しました。

祭りを支える共同体

『太宰府発見』を出版した同じ平成十五（二〇〇三）年、私は九州国立博物館から「無形民俗文化財映像アーカイブス」の監修を依頼されます。平成六年から福岡県文化財保護審議会専門委員（民俗部会）を委嘱されていたことから、関連映像監修の役目が回ってきたようです。

私は民俗学を専門に勉強してきたわけではありませんが、宝満山研究の一環で聞き取りをしたり、宗教文化懇話会で郷土史家筑紫豊さんらの民俗調査に同行したりしてきました。その蓄積がさまざまな機会を私に与えてくれたと感謝しています。

無形民俗文化財を映像で記録保存していくアーカイブスは、大変意義ある試みです。流れはこうです。九州国立博物館展示課の担当者が無形民俗文化財（伝統行事など）を選び、その資料をシナリオライターに渡します。ライターが作ったシナリオを基に、映像制作会社が現地で撮影。私はその映像を見て祭りの解釈に問題はないか、大切な要点が抜けていないかなどをチェックするのです。

最初は『太宰府市史 民俗資料編』に載った行事の紹介が主でしたが、その後は福岡県内各地に対象を拡大。平成二十一年は、みやま市瀬高町の廣田八幡宮の祭り「どんきゃんきゃん」（同宮神幸行事）が取り上げられました。廣田八幡宮の祭神・応神天皇が川を挟んだ対岸地区にある

「どんきゃんきゃん」の神幸祭行列
（みやま市教育委員会提供）

聖母宮に祭られる母・神功皇后に年に一度、会いに行くとされる行事。御神幸行列では太鼓や鉦《かね》を鳴らす風流《ふりゅう》や奴《やっこ》が従い、奴の行列で毛槍《けやり》（ナガザオ）を独特の方法で受け渡すのが特徴で、見どころの一つとされます。

私も取材に同行。地元の大人だけではなく、小中学生たちもその役目をきちんと果たしていたのが印象的でした。所作などの練習を随分重ねたのでしょう。他地域の祭りの取材でも感じたことですが、地域の組織がしっかりしていないと、こうした伝統行事は続かないものです。

戦後の産業構造の変化や市場原理の浸透で、村落共同体（コミュニティー）は崩壊しつつあります。でも、祭りや民俗芸能が盛んな地域は今でも元気。その元気の源が、祭りを実行する共同体組織と、そこから生まれるエネルギーにあるとすれば、全国に普遍化できる地域再生の鍵がそこにあるのではないか。取材の度にそんなことを思うのです。

海の者が山をほめる

失われつつある地域の伝統文化の継承や発展を目的に映像で記録保存するのは、近年の傾向のようです。文化庁が平成十五（二〇〇三）年から始めた「ふるさと文化再興事業」もそうです。全国に伝わる民俗慣習継承のため、都道府県がマスタープランを作成。それを基に、市町村による伝承者養成や用具整備、映像記録作成を支援する取り組みです。私は福岡県のマスタープラン策定研究委員会の委員長を仰せ付かり、こちらの映像作品の監修もすることになります。九州国立博物館の「無形民俗文化財映像アーカイブス」と基本的な狙いはほぼ同じ。この事業に福岡市などが手を挙げます。

平成十八年、福岡西方沖地震被災の復興支援も兼ね、同市の志賀島で五つの行事の映像記録が制作されました。博多湾頭に横たわる志賀島は、古代から海の交通の要衝で、海をつかさどる神「綿津見《わたつみ》」の島としてあがめられてきました。金印「漢委奴国王印《かんのわのなのこくおういん》」の発見地としても有名です。島にある志賀海《しかうみ》神社を中心に四季折々の行事が受け継がれており、その一つが同神社の「山ほめ祭」（福岡県指定無形民俗文化財）です。

春は山誉種蒔漁 猟 祭《やまほめたねまきかりすなどり》（旧暦二月十五日）、秋は山誉漁猟祭（同十一月十五日）として行われる儀式は、素朴で劇的な構成で行われる点が特徴。神籬《ひもろぎ》（神霊が宿る依《よ》り代《しろ》）を前に、敷物に座った社人八人が神社の背後の三つの山に向かって「ああらよい山、茂った山」とほめます。そして種まきや狩り、漁の様子を独特な所作や言葉で繰り広げ、春は豊漁豊穣を願い、秋は収穫に感謝するのです。初めてこの神事を見た時、私は山に木を植える活動を広めた東北の漁師で『森は海の恋人』の著者、畠山重篤さんのことを思ったものです。

所作も独得な志賀海神社の「山ほめ祭」
（福岡市教育委員会提供）

平成十八年の山ほめ祭取材で、私は島谷《しまたに》幸宏九州大学工学研究院教授（流域システム工学）と出会います。工学の先生がなぜ伝統行事の現場に、と思いましたが、話を聞いて納得しました。島谷教授は、山と海をつなぐ河川から「自然再生と地域づくり」のテーマに取り組んでおり、海の人が山をほめるこの独特な行事に関心を持ってみえたのでした。

「〝山ほめ〟は、治水問題を解決するキーワードであり、原点」と熱く説かれる島谷教授との出会いは、私に大きな刺激を与えてくれます。

トトロ型社会を望む

「近代化の過程で主流だったコンクリート三面張りの川を、いろんな生物がすむ自然の川に再生するのが二十一世紀の川づくりの基本です」

福岡市の志賀島で出会った島谷幸宏教授からそう聞いて、私は新しい川づくりの理念「多様な生物との共存」にすっかり共鳴しました。

島谷さんは当時、桑子敏雄東京工業大学社会理工学研究科教授（哲学）をリーダーとする日本学術振興会人文・社会科学振興プロジェクト「日本文化の空間学構築」研究グループに参加。土木工学や文化人類学などの専門家が「空間の再生と継承」をテーマに各地で〝フィールドワークショップ（現地に赴き、地域の人と共に考える）〟を開かれていました。

とりわけ私が感激したのは、島谷教授たち研究グループが地域の伝統行事（祭り）に着眼された点です。古くからの四季折々の祭りが、例えば地域の川などを守るための地域共同体の決まり事を確認し、防災意識や共同体意識もはぐくむ「社会的な（合意形成）装置」だったとされます。その通りだと思いました。

島谷教授は平成十五（二〇〇三）年、国土交通省武雄河川事務所長（佐賀県）から大学教授に転身。新潟県佐渡島でトキを再生する「トキの島再生研究プロジェクト」の代表を務め、福岡市でも樋井川の治水を市民や行政が連携して考える「流域治水市民会議」設立などにかかわっておられます。

島谷教授は毎年、九州大学新入生に「アトム型社会」と「トトロ型社会」のどちらを望むか尋ねるそうで、結果がなかなか面白いものでした。

「空間学構築」研究グループの勉強会で

結果を紹介する前に、違いの説明が必要ですね。アトム型は「煩わしさがない、便利でクールな、公が管理する人工型都市」、トトロ型は「かなり不便で煩わしさはあるが、資源循環型で共同体管理の自然との共生地域」という設定だそうです。

結果は「（人と人が触れ合う）トトロ型がいい」の回答がアトム型の約四倍が例年の傾向だとか。では、その実現に何が必要か。島谷さんは、①人と多様な生物が共存できる自然空間の再生、②行政依存から住民参加型、説明型から合意形成型へ転換した市民活動、を挙げられます。

島谷教授たちがその実践例として取り組まれたのが、福岡県行橋市の沓尾《くつお》海岸姥《うば》が懐《ふところ》の保全でした。

姥が懐の景観残る

周防灘南部の豊前海に面する沓尾海岸姥が懐。一帯が市の開発（臨港道路工事）で埋め立てられそうだと知った地元住民が平成十七（二〇〇五）年夏、保存運動を始めます。

沓尾は「山幸彦が竜宮に入る前に沓を脱ぎ置いた浜」の伝説が残る海岸。姥が懐は、修験道で知られる彦山（英彦山）のお潮井採り（神事の初めに身体や場を清める潮水や砂を採る行事）の場で、修験者の好きそうな岩場の景観が特徴です。

山と海を結ぶ今川、祓川《はらいがわ》河口の姥が懐が埋め立てられたら大変と、住民は署名活動を展開。が、市議会は請願を否決、暗礁に乗り上げます。そこで、北九州市で美術教師の傍ら、環境教育活動を続ける地元出身の原賀いずみさんが、島谷幸宏教授を訪ねて保存運動への協力を要請。

平成十八年二月、日本学術振興会人文・社会科学振興プロジェクト「日本文化の空間学構築」研究グループの桑子敏雄教授や島谷教授が現地入りし、「豊の国！地域づくりシンポジウム　川と海の文化再発見」を催されます。五月には九州大学島谷研究室の学生さんたちが姥が懐の模型を使って、市当局に景観保全をアピール。さらに翌十九年二月、桑子教授の講演会や福岡県景観大会が開催されます。

そうした活動が実り、市は姥が懐を残す方式に計画を一部変更します。この取り組みが評価され、原賀さんたちは平成十九年度まちづくり月間国土交通大臣表彰を受けられました。

原賀さんは、北九州市の動物園・到津遊園の園長や福岡市の水族館・マリンワールド海の中道の館長をされた故森友忠生さんのお嬢さん。森友さんと面識のあった私は、父親譲りの生物や自然への豊かな感性と行動力の彼女に感心したものです。

姥が懐で紙芝居で説明する原賀いずみさん

私が島谷さんと初めて会った平成十八年の志賀海神社の「山ほめ祭」に原賀さんも同行されており、それが彼女との初対面でした。その縁で、私は彼女が牽引する姥が懐の景観保存問題を知ったのでした。

原賀さんたちの「行橋の自然と文化を愛する会・海幸山幸ネット」は、その後も英彦山お潮井採りルートマップを作成したり、「豊の国景観ものがたりシンポジウム」を催したり、意気盛ん。私もシンポジウムでパネリストを務めるなど応援しています。

空間の履歴を読み解く

志賀海神社の「山ほめ祭」で偶然、島谷幸宏教授と出会ったことから始まった学識者や住民運動の皆さんとの交流は、私にいろんなことを考えさせてくれました。

特に印象深かったのは、地域の伝承が地域社会の環境保全システムと結び付いてきたという分析です。

島谷教授が当時参加されていた「日本文化の空間学構築」研究グループのリーダー、桑子敏雄教授は、全国各地の現場を回ってそれに気づいた感慨を次のように表現されています。

「わたしたちが発見し、驚愕したのは、どの地域の空間も古代の神々の物語に彩られているということだった。しかも、その神々の系譜は、地域経営と水資源・水環境の管理という課題と密接に結び付いていた」

沓尾海岸姥が懐のケースもそうです。「兄から借りた釣り針を探しに行った山幸彦は、竜宮の豊玉姫《とよたまひめ》と夫婦になるが、お産をする姿を見られた豊玉姫は海底の竜宮に帰ってしまう。残された赤子は、この岩窟《がんくつ》に姥（乳母）のように守られ、育てられた……」という伝説の舞台が姥が懐。

後背地の彦山（英彦山）は修験道で知られ、その最大の祭りが「松会《まつえ》」。天下太平や五穀豊穣を祈って周辺の農民や漁民の参詣を集めた行事（明治以降は姿を変えますが）で、前段の神事・

お潮井採りは姥が懐で行われます。彦山を源流とする今川、祓川の河口に当たるからです。

お潮井採り前夜、たいまつを手に彦山を出発した山伏一行は途中の村々で歓待され、神事などの後、村人に厄よけ祈禱などを実施。深夜、姥が懐の前の海で潮井（海水）を竹筒にくみ、再び接待を受けながら往路と異なるコースで彦山に帰って、その潮井で山内を清めるのです。

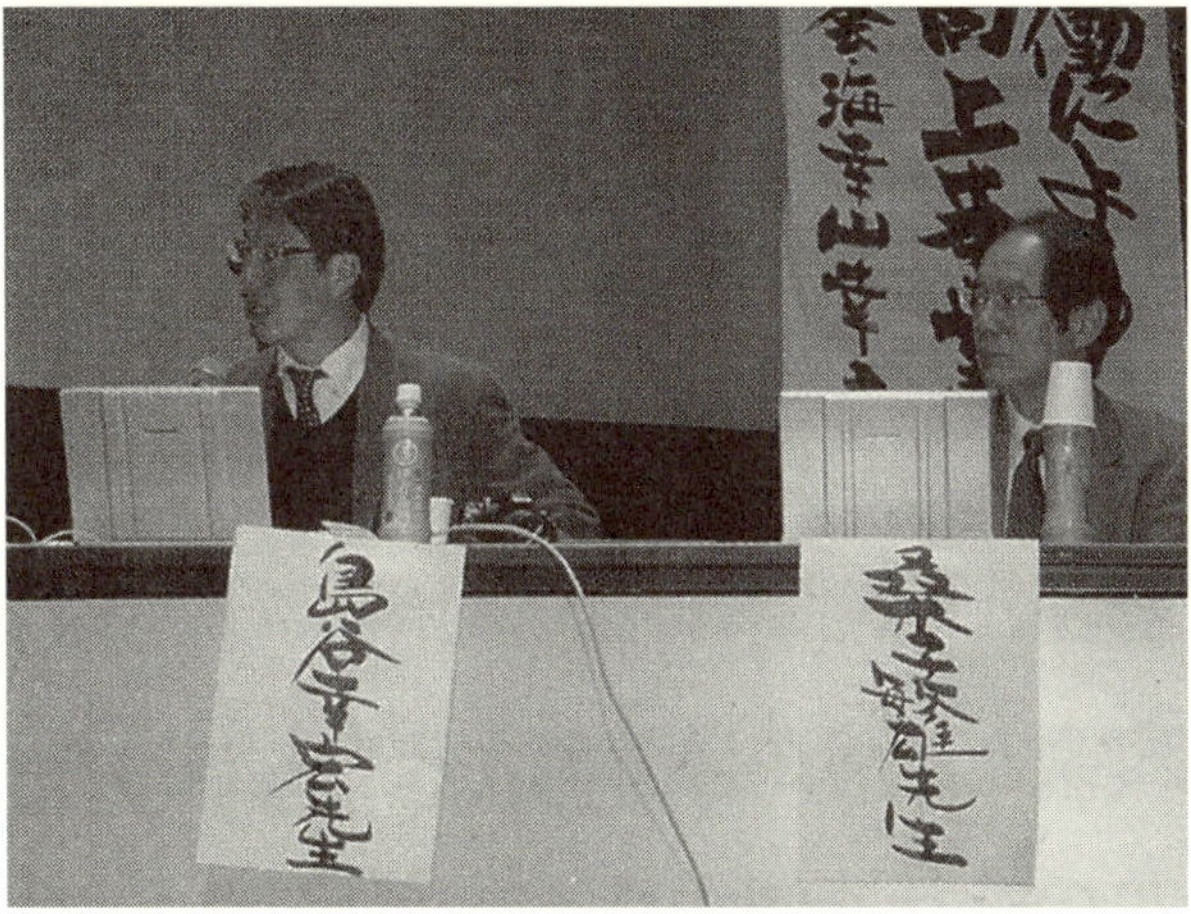

島谷幸宏九州大学教授と桑子敏雄東京工業大学教授

昔の人々は科学的理屈は知らなくても、体験的に、海にとって山が、山にとって海が大切なこと、海と山を結ぶ川もまた大切な命綱と知って、祭りの中で表現してきたのですね。

桑子教授はそうした伝承文化や歴史の蓄積を「空間の履歴」と呼び、それを読み解き、掘り起こすことが空間の継承・再生に必要とされます。

実は太宰府市では、市民の手で空間の履歴を掘り起こしてきました。その一つが「太宰府発見塾」です。

熱気あふれる市民塾

『太宰府発見』を出版した私に翌平成十六（二〇〇四）年、太宰府市役所から思わぬ話が舞い込みました。「地元の歴史・文化遺産や自然・産業に光を当てるような太宰府学を普及させたい」と、市民塾への協力依頼です。

当時、平成十七年秋に開館する九州国立博物館の建物が太宰府天満宮隣の丘陵に出現。太宰府の街は高揚した雰囲気に包まれていました。市が平成十六年に「まるごと博物館」構想を発表したのも、九州国立博物館を核施設とするまちづくりへの期待を込めてのこと。その実現へ向けたソフト事業の一つと位置付けられたのが「太宰府発見塾」でした。市当局は当初「大宰府塾」の名称を考えていたようですが、経緯があって私の本の表題にちなんだ名に落ち着きます。

率直に言えば私はこの時、市当局に引っ張り出される格好でした。とはいえ「百年後も誇れるまちづくり、人づくりに協力を」と持ち掛けられたら、断るわけにいきません。かつて所属した「古都大宰府保存協会」も共催に入れてもらう約束で、塾長を引き受けます。

「九州で唯一の国立博物館にふさわしい、この地を全国にアピールできる〝太宰府人〟をぜひ育成したい」と市側が意気込む発見塾に、申し込みが相次ぎます。定員二百人に五百人超の応募があり、募集枠を急遽二百五十人に増やしたほど。昭和五十八（一九八三）年から二年間催した市民講座・大宰府アカデミーを思わせる反響の大きさでした。
天満宮参道近くに新たにできた市の複合施設・太宰府館で平成十七年二月五日、開講式。塾長として「私の太宰府発見」と題し講演しました。これ以降、翌年三月まで、歴史や文芸、産業などの講座（現地視察含む）を月二回、計二十二回開催。講師は九州歴史資料館や九州国立博物館の研究員、市教育委員会の発掘技師、大学教授の方々が務め、平均出席率八〇％超と熱気あふれる講座が展開されました。この初年度を前期、さらに翌年度を後期として、発見塾は続きます。

実を言えば私は当時、九州大学大学院人間環境学府に在籍し、宝満山研究の集大成となる論文を執筆中でした。フランス国立極東学院日仏共同研究の活動にも加わるなど、学術研究に軸足を移していたのです。

しかし、発見塾の皆さんの熱意にも応えなくては、との思いでした。

向学心旺盛な太宰府発見塾の皆さん

市民自ら現場調査

自分が住む地域のことを知りたい、と望む市民がいかに多いかの表れでしょう。平成十七（二〇〇五）年度から始まった市民講座・太宰府発見塾は平成二十一年度（四期）まで、いずれも定員いっぱいの受講生で継続されています。

三期目（平成二十年五月～二十一年三月）は初の試みで「それぞれのテーマでの主体的な調査研究を通し、それぞれの太宰府を発見してもらおう」と、塾生に現場での自主的な研究活動を委ねる〝フィールドワークショップ〟も組み込まれました。市担当職員の城戸康利さんの発案でした。テーマは、①山城、②樹木、③民俗の三つ。①は希望者が多く、古代山城などA－Dの四班、②も水城跡、政庁・観世音寺周辺、天満宮の三班に分けて実施。③は旧集落で民俗調査を行いました。

事務局の市教育委員会文化財課のスタッフが後日いわく「実際にやってみないとどう展開していくか全く分からない中でのスタート」でしたが、調査終了後、予想を上回る成果があったことに私は目を見張りました。

成果は平成二十一年三月十四日、受講生による調査発表会で披露されます。例えば②の水城跡班は、水城築堤時に基底部に樹木の枝葉を敷き詰めた敷粗朶《しきそだ》の樹種を調査。枝葉が千三百年後の発掘時も緑色だったと知って驚いたこと、敷粗朶に使われた樹木十三種類中十種類を周辺で確認したこと、などが報告されます。③のグループからは、伝統行事（神もどしや恵比寿祭など）に参加したこと、古地図に残る由緒不明の「ヲモナ石」を探索して見つけ、古老に聞き取りしてその意を推理したことなどが披露されました。

テーマを持って調査する発見塾の面々

　地域を足で調べた結果報告も充実していましたが、私がとりわけ感銘を受けたのは、調査の感想です。「現地に立つことがいかに大事かを学んだ」「千年近く太宰府が日本史の舞台であったことに気づかされ、自分には大発見だった」「集落でいただいた赤米のおはぎがおいしかったのが一番の思い出」などなど。

　調査発表後の閉会式で、私は受講生の皆さんにこう呼び掛けました。「素晴らしい成果を挙げた皆さんは、古代につながる太宰府を次代に伝える入り口に立っている。ぜひ、まちづくりにも参加してください」。私は発見塾受講生に、まちづくりのある役割を期待しているのです。

市民遺産を生かそう

そこにあるのが当たり前のように路傍に立つお地蔵さん。いつも絶えないお供えの花は、地域の人々の素朴な信仰を物語っています。

私が太宰府発見塾生に期待する役割は、何代もの人々の思いが注がれ積み重ねられた、そんな身近な存在を再発見してもらうこと。それを「市民遺産」としてまちづくりに活用しよう、という考えなのです。もう少し平たく言えば、国や県の指定文化財・史跡だけでなく、それ未満であっても、市民が身近な地域で大事にしてきた存在、そこに込められた思いに目を向けよう。それらを守り、育て、活用することで、有吉林之助初代市長以来の太宰府市の目標「歴史とみどり豊かな文化のまち」を実現させようということ。

この市民遺産への取り組みは、市が九州国立博物館開館と同じ平成十七（二〇〇五）年度に策定した「太宰府市文化財保存活用計画――文化財から始まるまちづくり」で打ち出されています。提起されている趣旨はこうです。

「市民の身近な生活空間には有形のモノ（自然・文化財・文化遺産）や無形のコト（行事・習慣・言い伝え）があり、両者を結ぶ物語（人々の思い）もある。個々の物語を結び付けていけば、太宰府全体の風土が見えてくる。その風土を守るために、身近なモノやコト、物語を市民遺産として再発見し育てていこう」

実現へ向け、市は市民遺産の「種」掘り起こしに着手。「古都大宰府保存協会」を事務局に、ボランティア会議が月一回、催されています。ボランティアは公募に応じた約百人で、大半が太宰府発見塾修了生や古都大宰府保存協会会員（市民講座・大宰府アカデミー修了生を含む）。保存協会事務局長の重松敏彦さんや市の中島恒次郎さんが計画実行の世話役を務め、私はアドバイザー役です。

太宰府市民遺産ボランティア会議で

メンバーは居住地ごとに班に分かれ、班員が足元の地域のモノやコトを調査。古老への聞き取りも行い、会議で結果を報告し合っています。

まちづくりは景観保全とも密接に関連するため、市は平成二十二年度に「景観と市民遺産を守り育てる条例」を策定。その際、ボランティアの皆さんにも何らかの役割を果たされるよう期待しています。その条例の先に「心のふるさと」を次代に伝える道が開けるのではないか。私はそんな気がしています。

伝えたい連歌文化

太宰府の歴史風土をいかに「心のふるさと」として次代に伝えていくか。その鍵は、伝えたい対象に注ぐ新旧住民の思いの共有の広がりや、行政との連携にあるでしょう。

私にも、後世に伝えたい自分がかかわる伝統文化がいくつかあります。

その一つが連歌。連歌は発句《ほっく》（五七五）から脇句《わきく》（七七）、平句《ひらく》（五七五）……と複数の参加者が鎖状に詠み継ぐ催し。最後が挙句《あげく》で、「座の文芸」と称されます。

中世に全国各地で大流行し、京都の北野天満宮がその中心に。祭神・菅原道真公は「連歌の神様」とあがめられ、道真公の根元の地である太宰府天満宮には、宗祇《そうぎ》ら著名な連歌師らがはるばると参詣します。聖地巡礼のように九州を旅した宗祇は、室町時代の出色の紀行文学と評される「筑紫道記《つくしみちのき》」を執筆。太宰府や博多で連歌興行をし、九州文芸に影響を与えています。

太宰府天満宮は、福岡藩主黒田家とも連歌を通じて強い絆を築きます。初代藩主の父、黒田如水は天満宮近くに連歌会所（連歌屋）を復興。今の地名、連歌屋はその名残です。

しかし、明治以後は連歌をたしなむ人が激減。かつて天満宮で行われていた連歌会も、昭和十五（一九四〇）年を最後に途絶えました。

一九八〇年代後半、私や宮崎由季さん、村田真理さんら天満宮文化研究所の元研究員が中心になり、連歌の復興を期して「連歌会」を始めます。宗匠（師匠）は北九州市立いのちのたび博物館の有川宜博《よしひろ》さん。有川さんは文化研究所の元嘱託で、北九州に着任後、連歌のバイブル「新撰菟玖波集《つくばしゅう》」（宗祇編）に注目。独学で連歌を始めたころ、福岡県行橋市の今井祇園社（須佐神社）で連歌の継承普及に努められていた高辻安親宮司と遭遇。以来、太宰府と行橋で連歌にかかわっておられます。

復興を夢見て太宰府で催される連歌会

年四回催す私たちの連歌会は、平成十四（二〇〇二）年の天満宮千百年大祭に作品を奉納。大祭記念に発刊された本『天神さまと二十五人』には、有川さんや元文化研究所の梅野祥子さんが連歌の関連原稿を寄せられました。

連歌の魅力は、同じ空間で一日がかりで一つの世界を大和言葉で詠み表す点でしょうか。行橋では広く浸透していますが、太宰府はまだまだ。天満宮の神職や市民の方々への普及を夢見て連歌会を続けています。

時空を超えて
人をつなぐ絆を

高取正男先生に導かれ

胸の底にたまった学問への思いが噴き出す感じでした。平成十五（二〇〇三）年春、私は九州大学大学院に入ります。

二十二歳で太宰府天満宮文化研究所に入った私の最初の取り組みが、中野幡能《はたよし》大分県立芸術短期大学教授の宝満山研究のお手伝い（史資料収集や解読）だったことは、以前、話しました。中野先生編著の『筑前国宝満山信仰史の研究』刊行は昭和五十五（一九八〇）年。二十年を経て、宝満山の考古学的な成果や新史資料発見など、多大な学問的進展がありました。新しい研究が必要との思いが募ります。中野先生は八幡信仰史研究の大家。同レベルとは言わないまでも、それなりの研究をしなければいけない。それが大学院入学の動機の一つでした。ライフワークの仕上げをしたいという思いもありました。

その話に入る前に大学の恩師、高取正男先生のことを話しましょう。

「あんたには『宣《せん》絶えて久し』と言うた神吽《じんうん》の気持ちが分からんのか！」。学生時代のある日の卒論指導ゼミ。中世の八幡神をテーマとする私をそう諭された先生の言葉が、今も胸深く刻み込まれています。

神吽は、大分県宇佐八幡宮の神宮寺（付属寺院）弥勒《みろく》寺の学頭《がくとう》（学事統括僧）で「八幡宇佐宮御託宣集《ごたくせん》」の編者。古代に絶大な力を持った八幡神の託宣が聞かれなくなった中世に、彼は宇佐宮の復興を念じて託宣集を編んだのです。史資料の行間から先人の思いを酌み取れ。先生はそう言われたかったのでしょう。史資料の読み込みをとても重視される方でした。

卒業から十一年後の昭和五十五年、ゼミの学生たちを連れて太宰府にみえた高取先生を、政庁跡に案内しました。

大宰府政庁跡を訪れた高取正男先生と

「大宰府はええなぁ。飛鳥や平城京に似ているようやが、違うで。スケールが違う。外に向かって開かれた感じで、明るうていいなぁ」

礎石に腰を下ろし、大宰府の印象をしきりにそうおっしゃいます。かつて私の短所・長所を突かれた勘の鋭さは変わらないな、と思いました。「大宰府はアジア文化との接点」が口癖だった西高辻信貞太宰府天満宮宮司と同じ大宰府観を口にされたことにも、私は感激しました。

先生は昭和五十六年に五十四歳で急逝。しかし、死後も、その学問的姿勢や業績を慕う研究者の方々と出会う不思議な縁に、私を導いてくださいます。

環境歴史学を志す

役割を与えられると一生懸命やるタイプの私にしては珍しく、自ら望んだ大学院でしたが、すんなり入れたわけではありません。入試に英語と聞き、少し意欲が鈍ります。

相談した彦山（英彦山）研究の第一人者長野覚《ただし》先生や日本山岳修験学会会長の宮家準《みやけひとし》先生に紹介されたのが、九州大学大学院人間環境学府の関一敏教授。関先生は私と同じ福岡県文化財保護審議会民俗部会の専門委員です。先生に入試の英語を確認すると「ありますよ！」。英語はすでに忘却のかなたの私は、無理と思いつつ一応勉強して入試に臨みます。

課題は「英文を読んで自分の研究と関連づけて論述せよ」。英文は科学文明社会における宗教論のようだったので、自ら思うままを書いたら（当然日本語で）合格でした。

大学院の関先生は宗教学、文化人類学、民俗学が専門。『神道の成立』など私の大学の恩師高取正男先生の本を何冊も読破されていました。関先生に高取評を伺うと「例えば個々の湯飲みに日本型個人主義を読み解くなど、豊かな発想で民間信仰の絵解きをした人。歴史学と民俗学を近づけ、日本の神仏の問題を深く学問の対象にした人です」と。何と関先生も高取信奉者だったのです。高取先生のお導きを感じました。

次の問題は、どんな視点で宝満山を研究していくか。ある日、出版社の印刷物に「環境歴史学の視座」の表題を見つけます。環境歴史学って何？　文化財保護の観点から提唱され、歴史遺産をどう未来に生かすかを探る学問だと分かりました。未知の分野だけど面白そう。

宝満山の景観を損なう乱開発の現場

決めました。実は宝満山で進む乱開発による荒廃を食い止めたいという思いが、この山の新たな研究を志したもう一つの動機だったからです。

関先生は私が見つけてきた「環境歴史学」に少々驚かれます。未成熟な分野と思われたようです。自然だけでなく社会的環境の中で歴史を見ることで了解してもらいました。

大学院に入った平成十五（二〇〇三）年、社会的環境の中で歴史を研究した成果を発表する機会が巡ってきます。大学卒論で中世の八幡神を研究した際の「中世に編纂された『八幡宇佐宮御託宣集』で、宝満山の祭神・玉依姫が（記紀神話と違って）宇佐宮の祭神・応神天皇の伯母、とされたのは一体なぜか」の謎。それが解けたのです。

宝満山実地踏査へ

玉依姫の謎とは――。古代の記紀神話で「初代神武天皇の母」とされた玉依姫が、中世の「八幡宇佐宮御託宣集」では「応神天皇（記紀神話では十五代）の伯母で、神功皇后の姉」とされる、という矛盾を指しています。

その謎を解く手掛かりとなったのが神奈川県立金沢文庫。平成八（一九九六）年の同文庫資料展で宝満山最古の縁起「竈門山宝満大菩薩記」などが世に出て、実証作業ができたのです。

結論から言えば、記紀神話で「王権を生み出した」とされた玉依姫は、中世風に焼き直されていたのです。宇佐宮祭神・応神天皇やその母の神功皇后と関連づけられ、中世の八幡教学の系譜に取り込まれたのです。

大宰府の社会的背景を見ると、分かりやすいでしょう。朝鮮半島・中国大陸に対峙する大宰府で、宝満山の玉依姫に求められたのは鎮護国家の祈りでした。対外戦略を意識した政治的な神として生み出された八幡神（応神天皇）や神功皇后との関係づけが、必然だったと思われます。

平成十五年秋、九州大学大学院一年の私は、この研究成果を「宝満山玉依姫考」の表題で日本宗教文化史学会で発表します。会場は京都女子大学でした。卒業後、巡り巡って母校で卒論の続編を発表できることに感慨を味わいながら話しました。翌年、同じ表題で論文も書きました。

九州国立博物館でのシンポジウム「祈りの山宝満山」
橿原考古学研究所所長の菅谷文則氏（中央）、
九州国立博物館展示課の坂井芳司氏と

大学院生として、関一敏先生のゼミに週一、二回通う生活を三年続けます。ゼミは院生が研究発表し、他の出席者と質疑応答を行う形式。史資料チェックに大学図書館をよく利用しました。三歳上の私を森先生と呼ぶ関先生は時に厳しく、重箱の隅をつつくような狭い見方でなく、広い視野からの見方を指導してくださいました。

古代以来、激動の歴史を重ねる中で一貫して「祈りの山」として人々とかかわってきた宝満山。その全貌を博士論文にまとめるには、何本も論文を書かなくてはいけません。史資料はかなり収集していたので、私が力を入れたのは宝満派修験道の峰入りルートの実地踏査です。

昭和五十（一九七五）年に出版した『宝満山歴史散歩』でも、峰入りを随分紹介しました。ただ、当時は育児の合間の執筆で、現地には行けなかったのです。あらためて現地に通った私は、地下水脈のように流れ続けてきた庶民信仰に出合います。

山里の祈りの継承

苔むした山道を少し登った所に、その観音堂はありました。堂に祭られるのは十一面千手観音立像。もともと孔大寺山《こだいし》（宗像市）に安置され、別の場所を経て山麓の寺に移された鎌倉時代の仏像です。

驚いたのは、廃れた寺に代わって傷んだ仏像を山里の村人がお金を出し合って修理、お堂も建てて守っておられること。数百年前の仏像が村人の手で光を失わないで在り続けたのは奇跡だ、と思いました。博士論文を書くために宝満山伏の峰入りルートを実地踏査していて、私はその仏像に出合ったのでした。

この本の初めのころ、宝満山発の峰入りルートについては宝満山―彦山（英彦山）のみを紹介しましたが、宝満山―孔大寺山でも行われていたのです。往路は宝満山から北西の若杉山―犬鳴山―孔大寺山などの峰々を巡るルート。帰路は宗像から筥崎宮や博多の櫛田神社、福岡城内など街中を経て戻る順路でした。先人の調査研究が手つかずだった同ルートの踏査は、現地市町村教育委員会などの協力で進めました。何度も足を運ぶうち、集落で守り伝えられる「信仰の継承」に出合ったのです。

古来の仏像を大事に守り、ご開帳や季節の祭りを催してきたケースは、私が踏査したルート周

年に一度の仏像ご開帳（須恵町）

辺の他の山里でも何例か確認しました。孔大寺山の場合、峰入りをする山伏たちがその仏像にお参りし、彼らの峰入りを村人が支えました。今もご開帳時に来訪者を接待し、内外のコミュニケーションの中心になっているのはその名残なのでしょう。

時空を超え、村人をつなぐ「絆」の象徴として人々の精神生活に深く根差してきた仏像。ご開帳時の接待は、訪れる人々への供養の心が脈々と流れているからでしょう。信仰の継承に、私は心打たれました。

覚えていらっしゃいますか？　明治の廃仏棄釈で宝満山中の羅漢像が首をもがれたり、谷底に突き落とされたりした、と話したのを。その像を谷底から持ち帰り、大切に祭っている所も少なくないのです。

国などの指定文化財でなくても、仏像に長年込められてきた人々の確かな思い。基本は日々の暮らしへの感謝であり、明日も平穏であるようにとの祈りだと私は思います。

宝満山実地踏査では、それを確認できたことが最大の収穫でした。

図らずも賞をいただく

宝満山に連なる低い丘陵の一つが業者の土取りで消滅しようとしている――。その現実への憂いから、私は博士論文の緒言を書き始めました。

「森羅万象に神が宿る」と自然や目に見えないものに畏敬の念を抱き、自然に寄り添って生きてきた日本人の心性。近代産業文明が浸透した戦後、とりわけ高度経済成長期以降、それは薄れて効率優先・科学万能の風潮がはびこってきました。

私は論文に「宝満山の現在・未来」の章を設け、対策を模索します。日本人の原風景とされる富士山の環境保全のため、諸団体をネットワーク化しているNPO法人「富士山クラブ」を参考に、宝満山でも市民や企業、行政による同様な組織化が必要と訴えました。

環境や景観の保全には価値付けが必要でしょう。私が参考にしたのが、平成十六（二〇〇四）年に世界遺産に登録された「紀伊山地の霊場と参詣道」。高野山や吉野、熊野など日本山岳宗教の中心地とされる地域を含む「紀伊山地の霊場と参詣道」の登録では、「信仰の山」としての「文化的景観」との新しい概念が適用されています。私はその趣旨に意を強くしました。宝満山も紛れもなく信仰の山ですから。

日本各地で村落共同体がまだ機能していたころ、人々は「お天道さまが見ているよ」や「罰が

九州大学大学院の関一敏教授（前列中央左）らと

当たる」などの表現で、社会的規範や人としての倫理観を教え伝えてきました。私の言う信仰とは、昔の日本では当たり前だった、日々の暮らしへの感謝や明日の平穏を願う人々の祈り。今も一部で生きるその祈り（思い）を、祈りが込められた仏像とともに伝えなくてはと思うのです。

　そのための具体的な手法が、太宰府市が取り組む「市民遺産」なのです。市民が次代に伝えたい思い（物語）やそれを紡ぎ出す有形の文化遺産・自然、無形の行事・習慣などをリストアップし、まちづくりの種として生かしていく。宝満山も当然、それに含まれます。

　歴史の記憶を再生して伝え、人々を心豊かにする。そんな内容を盛り込んだ私の博士論文「宝満山の環境歴史学的研究」は、図らずも日本山岳修験学会（宮家準会長）の平成二十一年度学会賞を受賞。感謝の極みでした。

共同研究でパリへ

私の研究テーマは太宰府中心でしたが、思いがけず海外に飛び出す機会もありました。今も記憶に鮮明なのが、日仏共同研究会への参加であり、パリでの講演です。

きっかけは、アンヌ・ブッシィさん（フランス国立極東学院）との出会いからでした。私が太宰府天満宮文化研究所勤務だったころのある日、天満宮で催された西日本宗教学会にブッシィさんがみえたのです。仏教民俗学の権威だった五来重《ごらいしげる》大谷大学教授とご一緒でした。日本民俗学を専攻するブッシィさんはすっかり五来先生に心酔、運転手として行動を共にされているようでした。

「彼女とお友だちになってください」。学会の後、五来先生から突然言われます。それが始まりでした。

ブッシィさんは日本語の読み書きは堪能。古文書も読め、自他に厳しい人。聞き役型の私は厳しい人と相性がいいのか、京都で一人住まいの彼女宅に泊めてもらうなどします。

五来先生の死で帰国した彼女は数年後、再来日。私を京都へ呼び出して「あなた、パリに来ない？」。聞けば、日仏共同研究会を発足させてパリで国際討論会を行うというのです。日本側のメンバーを知って私は驚きました。脇田晴子滋賀県立大学教授や島薗進東京大学教授ら、きら星のような学者の方ばかり。「無理」と私。「途中でやめていいから」と彼女。正直に言えば「パリに行ける」との期待もわいて参加を決めます。平成七（一九九五）年のことです。

共同研究のテーマは「アイデンティティー・周縁・媒介」。岐阜で数回会合があり、何とかついていきました。「できるじゃない」と、ブッシィさんにその気にさせられます。

アンヌ・ブッシィさんと（篠栗町で）

国際討論会は平成九年四月、パリのフランス文部省講堂で。私の演題は「周縁の地九州のアイデンティティーと媒介——神功皇后伝説をめぐって」。すり鉢状の会場で、底から観客を時々見上げ、緊張でのどがカラカラになりながら発表を終えました。同時通訳の人に「要約をもっと訳しやすく」とクレームを付けられるなど、いろいろありましたが、終了後の達成感は忘れません。

私は平成十五年から再び、日仏共同研究に参加。ブッシィさんたちと現在、福岡県篠栗町を調査地に「日本社会におけるウチとソトの力学」というテーマに取り組んでいます。

ふるさとを思う志

経営人類学ってご存じでしょうか？　日仏共同研究に加わった翌平成八（一九九六）年ごろ、私はその言葉に出合います。弟の石村善悟《ぜんご》と親しい「博多21の会」（福岡の企業経営者・文化人の集まり）の長谷川裕一初代会長の縁で、日置弘一郎九州大学教授と知り合ったのがきっかけでした。

日置さんは、国立民族学博物館（大阪府）の中牧弘允《ひろちか》教授と「企業博物館の経営人類学」のテーマで共同研究中でした。中牧教授は私の大学時代の恩師高取正男先生の信奉者で、私を研究に誘ってくださいました。

中牧さんが提唱したのが経営人類学で「会社文化を研究するための文化人類学の一分野」です。私は九州電力を研究テーマにします。九州国立博物館の太宰府誘致から設置まで、すべてで中心的役割を担った九電の会社風土はどんなものか、大いに興味があったのです。そして、論文「アイデンティティーとしての博物館――九州電力の場合」を書きました。九州を統合する存在たり得んとする高い志を持ち、そのアイデンティティーの表象としての九州国立博物館にかかわり、九州ふるさと館など独自の博物館も持つ――。私は論文でそう指摘しました。

それ以前の一九八三（昭和五十八）年、高い志を体現した最初の九電トップと評される瓦林潔

昭和58年の新春鼎談で瓦林潔さん(右)、西島伊三雄さんと(「九電新聞」より)

会長と、博多町人文化連盟理事長でグラフィックデザイナーの西島伊三雄さん、私で、九電新聞紙上で鼎談《ていだん》したことがあります。その席で瓦林さんがおっしゃった「私は九州人であることを誇りに思っている」がとても印象的でした。

ご一緒した西島さんは、ほのぼのとした童画で福岡内外でファンが多い方でした。博多弁で話す飾らない人柄で、私が絵本『てんじんさま』を一緒に制作した人でもあります。学校唱歌がお好きで、専門のスナックで歌ったり、飲み屋で興が乗るとよく「つくり踊り」(即興の踊り)をしたりされました。実は私もつられて一緒に踊ったものです。今思えば、九電新聞での鼎談のキーワードが「ふるさと」でした。

最近、次代に伝えたい遺産を探していた太宰府市民遺産ボランティアの市民が、太宰府南小学校で西島さんの三十数年前の絵を〝発見〟。ふるさとの原風景を思わせる宝満山を背に遊ぶ子どもの絵で、地域の宝にしようとの話になっているそうです。

それぞれの香りを

　未来へ、私たちはふるさとの何を、どう伝えていけばよいのでしょうか。答えの一つは、グラフィックデザイナー西島伊三雄さんの童画にある気がしています。ふるさとの原風景のような、あぜ道で遊ぶ子どもたちや背後にそびえる宝満山。生活・伝承文化などを対象とする民俗学を突き詰めていけばこんな世界では、と私が思うその景観こそ、未来に伝えたいものです。

　もちろん、歴史（物語）も伝える必要があります。太宰府市で取り組まれている「市民遺産」が有意義だと思うのは、地域の物語も伝えていく対象としているから。

　足元の地のことをまず伝えるべき相手は、子どもたちでしょう。未来は彼らのものだから。その取り組みはいろんな形で行われています。

　私が在籍した「古都大宰府保存協会」では、小学生対象の「子ども歴史教室」を定期的に催していますし、市文化ふれあい館の「くらしのうつりかわり展」などもそうです。平成二十一（二〇〇九）年、九州国立博物館であった特別展「古代九州の国宝展」は、考古少年をナビゲーター役に構成されていました。九州歴史資料館勤務時から子どもたちへの教育普及に取り組まれてきた、九州国立博物館展示課長、赤司善彦さんのアイデアでした。

　単に伝えるだけでなく、ふるさとを活気づけることも大事です。それには、若者による創造のエネルギーが必要。太宰府市内外の若者の間で、そんな試みも始まっています。

太宰府天満宮近くの長沼賢海元九州大学教授宅を改築した「山かげ亭」はその一例。現代アート展開催など地元内外の若者のたまり場になっており、若手市職員中心の次世代型地域活動集団「CAT」もここを拠点に活動。施設運営には、次期宮司の西高辻信宏権宮司や私の長男大郎ら天満宮若手がかかわっています。

史跡に花を植える「万葉植栽ゆづる葉の会」

これらと並行し、市内の景観美化も進んでいます。古都大宰府保存協会運営の「万葉植栽ゆづる葉の会」の取り組みなどがそう。市民ボランティアが、育苗園で育てたハナショウブなどを指定史跡地に植栽しています。史跡地に指定されても、草ぼうぼうの荒れ地ではみっともないですから。

市民がそれぞれの活動で時代を超えてふるさとを伝え、ふくいくたる香りを放っていければいいなと思います。ひとすじの梅の香のように。

次代にたすき渡す

春らんまん。この時期になると、私は大宰府政庁跡から東北の宝満山を望む度にいつも、生前の父が敬愛した仙厓《せんがい》和尚の次の和歌を思い出します。

烟《けむり》たつかまとの山の緋桜《ひざくら》は香飯《きようはん》の国の贈る春風

（香飯の国＝清浄界）

平成十九（二〇〇七）年三月六日、私は博士論文完成を記念し、宝満山の竈門神社に緋桜を献木しました。夫五郎や長男大郎の家族、山の祭神・玉依姫から一字を頂いて名付けた三女依里《えり》の家族も一緒。緋桜には夫が揮毫《きごう》した先ほどの歌の立て札も添えました。

この日は母美智子の誕生日でした。母にはよくしかられたという記憶しかなかったのですが、母の優しさ、心の深さをその死後に思い知らせてくれたのが、祖母から受け継いでいた一棹《さお》の桐だんすです。取っ手も外れ、ガタガタのたんす。それでも、母は死ぬまで大事に使っていました。このたんすを、依里が嫁ぐ時に持って行きたいと言います。福岡県大木町の工場に再生を頼みました。

その前に、中に入っている物を全部出しました。外れてしまった取っ手や蝶つがい、それから「安西の母の形見」と書いた小さな紙包みが出てきました。開いてみると、古い襦袢《じゆばん》で縫った雑巾でした。祖父の襦袢だったのか、祖母のだったのか。ボロボロになるまで着た後、雑巾にし、母に託した祖母の思い。それをまた生涯大切にした母の気持ち。

　百年以上たつたんすの桐は洗い磨かれて輝き、取っ手も補強され、新品同然になって戻りました。古い物に手を入れて次代に伝える。祖母から母、母から私、そして私から娘へ。それに込めた思いも一緒に――。

「私は先祖から受けたたすきを次代に渡す駅伝ランナー」と、西高辻信良三十九代太宰府天満宮宮司はよくおっしゃいます。忘れ去られつつあるふるさととの伝統を見直して、人々の思いや景観などとともに次代に伝える。私の活動を支えてくれた多くの方々に感謝しつつ、私もそれが今後の自らの務めだと思っています。

緋桜献木に立ち会ってくれた家族らと

　宝満山からの暖かい春風が、俳優緒形拳さんが亡くなる前に大分県豊後大野市で一陣の風に感じられたような、先祖とのつながりを体感させてくれる。そんな心のふるさとにこの地がなってほしい。そして同様な取り組みが全国各地に広がってほしい。私は心からそう願っています。

森弘子関連略年表

＊「太宰府市の出来事」のゴシック体は、日本および世界関連事項

和暦	太宰府市の出来事	経歴（就任時）
昭和20年	**8月、終戦** **10月、政府による文化財指定事務再会**	10月1日、筑紫野市で誕生
昭和21年	**11月、日本国憲法公布**	
昭和22年	**4月、新学制による小・中学校発足** **5月、日本国憲法施行** **5月、国立博物館制公布** 太宰府県立公園指定運動が始まる	
昭和23年	**4月、新生高等学校発足** **8月、大韓民国成立**	
昭和24年	**10月、中華人民共和国成立**	
昭和25年	4月、太宰府文化会発会 **5月、文化財保護法公布。文化財保護委員会発足**	
昭和26年	2月、太宰府の都制と文化調査会（九州大学・県教育庁・文部省）設置 **9月、サンフランシスコ講和条約締結** **12月、博物館法公布**	

昭和27年	太宰府天満宮編『太宰府小史』発刊	
昭和28年	**2月、NHKテレビ放送開始** 3月、大宰府跡・水城跡・大野城跡、国の特別史跡になる 5月、太宰府文化財保存顕彰会発足	4月、福岡市立奈良屋小学校入学
昭和30年	3月、太宰府町と水城村が合併、太宰府町となる	
昭和34年		3月、福岡市立奈良屋小学校卒業 4月、筑紫女学園中学校入学
昭和38年	不動産会社による観世音寺地区の大型宅地開発計画浮上	
昭和39年	**10月、東海道新幹線開通** **10月、東京オリンピック開催** 12月、『大宰府・太宰府天満宮史料』刊行開始 史跡地公有化事業開始	
昭和40年	3月、大宰府史跡顕彰保存委員会結成	3月、筑紫女学園高等学校卒業 4月、京都女子大学文学部入学
昭和41年	**1月、古都保存法公布** 8月、日本道路公団、水城を通過する九州縦貫自動車道を発表	

	11月、文化財保護委員会、特別史跡・大宰府跡の指定拡張決定	
昭和43年	4月、太宰府天満宮文化研究所設置 4月、国立博物館設置期成会結成 9月、文化庁長官、太宰府を訪問。政庁跡で住民が史跡指定拡張反対を訴える 11月、大宰府史跡発掘調査開始	
昭和44年		3月、京都女子大学文学部東洋史学科卒業（日本史専攻） 4月、太宰府天満宮文化研究所研究員（－56年8月）
昭和45年	**3月、大阪万博開催** 3月、太宰府町の古都保存法適用見送り決定 9月、大宰府史跡拡張指定告示	
昭和46年	3月、太宰府天満宮、博物館建設用地を福岡県に寄贈	4月、森五郎と結婚
昭和47年	**2月、札幌オリンピック開催** 7月、集中豪雨による災害発生 **9月、日中国交正常化** 10月、水城を守る会発足	7月、長女満智誕生

昭和48年	2月、九州歴史資料館開館	11月、次女香枝誕生
昭和49年	7月、財団法人古都大宰府を守る会設立	
昭和50年	3月、九州自動車道（古賀－鳥栖間）開通 6月、少年自然キャンプ場開設 **7月、沖縄国際海洋博覧会開催**	7月、宗教文化懇話会理事（－平成18年） 8月、『宝満山歴史散歩』（葦書房） 10月、三女依里誕生
昭和51年	4月、太宰府顕彰会設立 6月、四王寺県民の森完成	4月、財団法人太宰府顕彰会評議員（－現在） 12月、長男大郎誕生
昭和53年	4月、韓国扶餘邑との姉妹都市締結	
昭和54年	3月、九州国立博物館誘致協議会結成	
昭和55年	4月、博物館等建設推進九州会議発足 10月、大宰府展示館開館	4月、太宰府町文化財専門委員（－60年3月） 10月、山岳修験学会理事（－現在）
昭和56年	3月、大野城跡拡張指定 6月、北谷運動公園開園	6月、『新版宝満山歴史散歩』（葦書房） 9月、太宰府天満宮文化研究所非常勤嘱託（－平成6年3月） 10月、太宰府町文化財管理指導員（－60年3月） 10月、財団法人古都大宰府を守る会文化部長（－平成3年5月）
昭和57年	4月、太宰府市制施行 5月、宝満山入峰・採燈大護摩供復興	1月、絵本『てんじんさま』（共著、太宰府天満宮） 12月、『画文集　太宰府』（共著、葦書房）
昭和58年	4月、大宰府アカデミー開講	8月、太宰府市住居表示審議会委員

昭和59年	11月、青少年育成市民の会発足 7月、太宰府市景観保全に関する指導要綱施行 10月、太宰府市歩こう会発会	11月、RKBテレビ「能舞台筑紫路」出演・JNN賞受賞 7月、福岡県観光審議会委員（－平成11年3月） 11月、太宰府市民の歌歌詞選考委員
昭和60年	2月、まほろばの里推進協議会発足 3月、大宰府史跡解説員が誕生 **3月、筑波万博開催**	4月、太宰府市教育委員（－平成12年3月） 5月、太宰府市史編纂委員（－平成20年11月） 6月、『目でみる大宰府』（古都大宰府を守る会）
昭和62年	6月、福岡県国立博物館誘致促進連絡会議発足 12月、平和台野球場（福岡市）調査開始	4月、太宰府市史編集委員（－平成18年3月） 4月、太宰府市立働く婦人の家運営委員（－平成9年3月）
昭和63年	4月、九州アジア国立博物館を誘致する会発足 5月、太宰府市国立博物館誘致推進会議発足 6月、九州国立博物館誘致推進本部が発足	2月、『西高辻信貞　わがいのち火群ともえて』（太宰府天満宮） 6月、博物館等建設推進九州会議運営委員（－平成17年）
平成1年	4月、歴史スポーツ公園開園	4月、太宰府市女性問題懇話会委員（－9年3月） 6月、太宰府市ふるさと座談会メンバー 6月、九州アジア国立博物館を誘致する会運営幹事（－10年） 7月、第45回国民体育大会太宰府市実行委員会委員 7月、市民運動推進協議会委員

平成2年	2月、天神様のほそみち建設事業完成 2月、とびうめ国体開催	4月、第三次太宰府市総合計画審議会委員
平成3年	**1月、湾岸戦争勃発** 2月、太宰府展示館開館10周年記念展「梅花の宴」開催 4月、環境基本条例施行	6月、古都大宰府を守る会総務部長兼文化部長
平成4年	3月、「潤いのあるまちづくり」優良地方公共団体自治大臣表彰 4月、『太宰府市史』刊行開始 5月、太宰府万葉フォーラム開催 6月、太宰府市文化スポーツ管理公社設立 7月、大宰府史跡水辺公園開園 10月、財団法人太宰府市国際交流会設立 12月、財団法人九州国立博物館設置促進財団発足	
平成5年	6月、文部省から環境教育推進モデル市町村の指定を受ける	4月、『太宰府市史 民俗資料編』(太宰府市) 7月、福岡県社会教育委員(－13年7月) 8月、太宰府市史跡対策委員会委員(－10年)
平成6年	6月、古都大宰府を守る会、古都大宰府保存協会と改称 7月、環境管理計画策定	4月、財団法人古都大宰府を守る会事務局長 7月、福岡県文化財保護審議会専門委員［民俗］(－現在・18年より部会長)

平成7年	1月、**阪神・淡路大震災** 2月、太宰府市生涯学習推進基本計画策定 4月、梅林アスレチックスポーツ公園、少年スポーツ公園開園 6月、九州アジア国立博物館を支援する会発足	7月、『古都大宰府 保存への道』（執筆、古都大宰府保存協会） 7月、太宰府市総合計画審議会委員（第3次後期） 8月、福岡県文化財保存活用基本指針策定小委員会委員 8月、福岡県立図書館協議会委員（－17年9月） 10月、福岡県文化百選（歴史散歩編）選定委員 10月、フランス国立極東学院・日仏共同研究員（－12年）
平成8年	3月、文化庁、新構想博物館の設置候補地を太宰府に決定 4月、太宰府市文化ふれあい館開館	3月、福岡県文化懇話会委員（－10年3月） 4月、国立民族学博物館共同研究員（－13年3月） 10月、福岡県文化百選（くらし編）選定副委員長 11月、福岡県立美術館協議会委員（－18年3月）
平成9年		12月、財団法人古都大宰府保存協会退職
平成10年	2月、**長野オリンピック開催** 3月、「世界に開かれたまち」で自治大臣表彰 4月、コミュニティバス「まほろば号」運行開始 4月、大佐野スポーツ公園開園 7月、いきいき情報センター開館 7月、まちづくり百人委員会発足	4月、西南学院大学非常勤講師（－18年3月） 4月、九州歴史資料館発掘30周年記念展担当（－11年3月）

	11月、「アメニティあふれるまちづくり優良地方公共団体」で環境庁長官賞受賞	
平成11年	10月、景観と緑を考える「まほろば2000年会議」発足 11月、史跡ウォークラリー開催	4月、筑紫女学園短期大学非常勤講師（－13年3月）
平成12年	10月、古都大宰府保存協会、文部大臣より文化財保護功労賞受賞	2月、大宰府史跡整備指導委員会委員（－現在） 3月、第19回国民文化祭基本構想検討委員会委員・起草委員会委員（－13年3月） 4月、株式会社萬年家文化顧問 5月、福岡市文化財保護審議会委員（－現在・23年より副委員長） 5月、『宝満山歴史散歩』（葦書房） 7月、萬年家取締役（－13年12月） 11月、太宰府市功労者表彰
平成13年	7月、国分アンビシャス広場オープン	2月、福岡県教育文化振興財団民俗芸能等編集委員会委員（－14年3月） 4月、九州産業大学非常勤講師（－16年3月） 4月、飯塚市文化財保護審議会委員（－現在） 4月、第19回国民文化祭企画委員（－16年12月） 12月、太宰府市立太宰府小学校評議員（－20年3月）
平成14年		1月、株式会社石村萬盛堂文化顧問（－20年6月）

年	事項	森弘子
	菅公御神忌千百年大祭 6月、**ワールドカップ日韓大会開催** 6月、太宰府市まるごと博物館基本計画を策定	3月、菅公御神忌千百年大祭古式祭の特殊神饌再現に関わる 4月、前原市文化財保護委員会委員（－21年12月） 7月、第19回国民文化祭甘木市実行委員会委員（－16年11月。8月から委員長） 7月、学校法人山本学園理事（－現在）
平成15年	3月、**イラク戦争勃発** **文化庁、ふるさと文化再興事業開始** 10月、総合型スポーツクラブ「太宰府よか倶楽部」誕生	2月、『太宰府発見――歴史と万葉の旅』（海鳥社） 3月、九州歴史資料館将来構想検討委員会委員（－16年10月） 4月、「西日本文化」編集委員（－19年3月） 4月、フランス国立極東学院・日仏共同研究員（－現在） 4月、九州大学大学院人間環境学府入学（人間共生システム専攻）平成18年3月単位取得退学 4月、筑紫女学園大学非常勤講師（－22年3月） 7月、福岡県文化賞選考委員会委員（－21年3月） 九州国立博物館無形民俗文化財映像監修（－現在）
平成16年	5月、九州国立博物館竣工式 6月、**景観法公布** 10月、**新潟県中越地震発生** 12月、『太宰府市史』完結	3月、福岡県文化懇話会委員（－17年3月） 6月、筑後小郡簡保レクセンター跡地利用有識者会議委員（－17年3月）
平成17年	3月、**愛知万博開催**	2月、太宰府発見塾塾長（－現在）

年	出来事	個人の経歴
	3月、太宰府市文化財保存活用計画策定 5月、太宰府市景観まちづくり懇話会設置 10月、九州国立博物館が開館	5月、学校法人筑陽学園評議員（−現在） 5月、太宰府市景観まちづくり懇話会委員（−19年3月） 6月、福岡市博物館協議会委員（−現在） 7月、独立行政法人国立博物館外部評価委員会委員（−19年3月）
平成18年	4月、大野城跡「日本百名城」に認定 7月、第2次生涯学習推進基本計画策定	9月、ふるさと文化再興事業伝統文化総合支援研究会委員長（−21年3月） 11月、太宰府発見コンクール審査委員長（−21年） 12月、宗像市文化財審議会委員（−現在） 12月、みやこ町歴史民俗博物館専門委員（−現在） 篠栗町教育委員会太祖神楽映像「磐戸ふたたび」監修。総務大臣賞受賞
平成19年		4月、「西日本文化」編集同人（−21年） 4月、筑紫野市文化財保護審議会委員（−現在） 10月、九州大学において博士（人間環境学）学位取得 12月、九州国立博物館買取協議会委員（−21年3月） ふるさと文化再興事業映像制作監修（−現在）
平成20年		4月、独立行政法人国立文化財機構外部評価委員会委員（−現在）

	5月、文化財の総合的把握モデル事業に選定される 5月、景観行政団体となる **11月、地域における歴史的風致の維持及び向上に関する法律（歴史まちづくり法）公布** 11月、太宰府市景観計画策定委員会設立	5月、文化財の総合的把握モデル事業アドバイザー 7月、福岡県文化財保護審議会企画委員会副委員長（−24年3月） 10月、太宰府市景観計画策定委員会委員（−22年10月） 12月、太宰府市公文書館構想調査研究委員（−23年2月）
平成21年	3月、『大宰府・太宰府天満宮史料』完結全十九巻	2月、太宰府市民遺産活用推進計画策定委員会副委員長（−23年3月） 3月、宗像市市民文化・芸術活動審議会委員（−現在） 3月、『宝満山の環境歴史学的研究』（太宰府顕彰会） 11月、日本山岳修験学会賞受賞
平成22年	7月、歴史まちづくり協議会発足 10月、太宰府の景観と市民遺産を守り育てる条例制定 11月、歴史まちづくり計画認定（国交省・農水省・文科省3省） 11月、九州歴史資料館、小郡市に移転 12月、歴史まちづくり事業開始（歴史の散歩道再整備）	4月、福岡県文化財保護審議会委員（−現在） 4月、福岡市文化財活性化実行委員会副委員長（−現在） 7月、太宰府市歴史的風致維持向上協議会副委員長（−23年3月） 7月、京築広域景観計画検討委員会委員（−23年7月） 8月、糸島市文化財保護委員会委員（−現在） 10月、特定非営利活動法人古都大宰府の風を育む会顧問

	12月、太宰府市景観市民遺産審議会設立 12月、太宰府市景観まちづくり計画・太宰府市景観計画決定	12月、太宰府市景観・市民遺産会議委員（－現在） 12月、太宰府市行政文書選別・保存審査委員会委員（－現在）
平成23年	**3月、東日本大震災、福島第一原子力発電所事故が発生** 3月、太宰府市民遺産活用推進計画策定 **7月、FIFA女子ワールドカップで日本代表が初優勝**	2月、古賀市文化財保護審議会委員（－現在） 3月、福岡県教育文化功労者表彰 4月、筑紫女学園大学客員教授（－24年3月） 4月、筑前町文化財保護審議会委員（－現在） 4月、『祈りの山宝満山』（共著、海鳥社） 5月、太宰府検定実行委員会実行副委員長（－現在） 6月、対馬歴史海道博物館（仮称）基本計画策定委員会委員（－24年3月） 8月、宝満山総合報告書策定委員会委員（－25年6月） 8月、九州山岳霊場遺跡研究会顧問（－現在） 9月、日本山岳修験学会監査（－現在） 12月、『太宰府紀行』（監修、海鳥社）

＊経歴の中の書籍や映像作品は主なもののみを掲げました

森弘子著作一覧

【単著】

『宝満山歴史散歩』葦書房、1975年

『新版・宝満山歴史散歩』葦書房、1981年

『西高辻信貞　わがいのち火群ともえて』太宰府天満宮、1988年

『宝満山歴史散歩』葦書房、2000年

『太宰府発見――歴史と万葉の旅』海鳥社、2003年

『宝満山の環境歴史学的研究』太宰府顕彰会、2009年

『祈りの山宝満山』（栗原隆司写真）海鳥社、2011年

【共著】

絵本『てんじんさま』（西島伊三雄画）太宰府天満宮、1982年

『画文集太宰府』（長野ヒデ子画）葦書房、1982年

『遠の朝廷大宰府絵図』（長野ヒデ子画）古都大宰府を守る会、1982年

『太宰府絵巻』西都書房、1983年

【編書・監修・分担執筆】

「筑紫路の山々」他（『太宰府　歴史とロマンのふるさと』太宰府市、1982年）

「太宰府天満宮・竈門神社」（谷川健一編『日本の神々――神社と聖地1・九州』白水社、1984年）

『目でみる大宰府』古都大宰府を守る会、1985年

「宝満山の歴史」（古都大宰府を守る会編『大宰府の歴史5』西日本新聞社、1986年）

「筑紫平野の食」（中村正夫他編『聞き書　福岡県の食事』農山村文化協会、1987年）

「さいふまいりの道」（西高辻信貞監修『太宰府天満宮』講談社、1985年）

「大宰府歴史散歩」（田村圓澄編『古代を考える　大宰府』吉川弘文館、1987年）

「神功皇后伝説・天神信仰・仙厓義梵」（加藤秀俊他編『人づくり風土記40　福岡』農山村文化協会、1

988年）
『わがまち散策　太宰府への招待』（太宰府市、1990年）
「校注・解題」（神道大系編纂会『神道大系83　太宰府』1991年）
『天神絵巻　太宰府天満宮の至宝』（太宰府天満宮、1991年）
『太宰府市史　民俗資料編』太宰府市、1993年
『古都大宰府　保存への道』古都大宰府を守る会、1994年
「宝満山歴史散歩」（ふくおか自然に楽しむ会編『宝満山徹底ガイド』西日本新聞社、1998年）
『さいふまいり』（太宰府顕彰会、2002年）
「奥村玉蘭・井上哲次郎」（『天神さまと二十五人』太宰府顕彰会、2002年）
「豊饒の地宝満山と天拝山」他（アクロス福岡文化誌編纂委員会編『ふるさとの食』海鳥社、2008年）
「総論」（アクロス福岡文化誌編纂委員会編『福岡の祭り』海鳥社、2010年）
『太宰府紀行』（海鳥社、2011年）

【論文】

「竈門神社の祭礼と『水鏡』神事・竈門神社の宮座」（中野幡能編『筑前国宝満山信仰史の研究』太宰府天満宮文化研究所、1980年）
「宝満山の開発と歴史的発展」（中野幡能編『山岳宗教史研究叢書13』名著出版、1977年）
「宝満山の神仏分離」（『福岡地方史談話会会報18号』1979年）
「宝満山の祭祀」（九州歴史資料館開館10周年記念『大宰府古文化論叢』吉川弘文館、1983年）
「太宰府天満宮の薬師信仰と鬼すべ行事」（五来重編『民衆宗教史叢書12』雄山閣、1986年）
「再現『梅花の宴』」（京都女子大学『史窓』48号、1989年）
「彦山・宝満山の縁起」（戸川安章編『仏教民俗学大系7』名著出版、1992年）
「原八坊と水瓶山雨乞祈禱」（西高辻信良編『太宰府顕彰会創立二十周年記念論文集』太宰府顕彰会、1997年）
「周縁の地九州のアイデンティティと媒介——神功皇后と西辺の神々」（脇田晴子・アンヌ ブッシイ

編『アイデンティティ・周縁・媒介――〈日本社会〉日仏共同研究プロジェクト』吉川弘文館、2000年）
「大宰府竈門山寺考」（『山岳修験30号』2002年）
「アイデンティティとしての博物館――九州電力の場合」（中牧弘允・日置弘一郎編『企業博物館の経営人類学』東方出版、2003年）
「種子島宝満神社の御田植え祭」（『山岳修験32号』2003年
「太宰府天満宮の古式祭と古式神饌」（『宗教民俗研究13号』2003年）
「信仰の場としての太宰府天満宮」（『太宰府市史 通史編別編』太宰府市、2004年）
「宝満山玉依姫考」（『日本宗教文化史研究第8巻第1号』2004年）
「玉依姫の霊窟」（『山岳修験35号』2005年）
「安楽寺の興隆」（『太宰府市史 通史編I』太宰府市、2005年）
「九州における六所宝塔の建立をめぐって」（太宰府市史資料室編『年報太宰府学第3号』太宰府市、2009年）
「宝満山――大宰府鎮護の山」（山の考古学研究会編『山岳信仰と考古学』同成社、2010年）
「宗像大社の無形民俗文化財」（宗像沖ノ島世界遺産委託研究、2010年）
「若杉山と修験」（日仏共同研究、2010年）
「太宰府高雄山の歴史的・人間環境学的研究」（筑紫女学園大学・短期大学部「人間文化研究所」年報第22号、2011年）

＊論考、調査報告、エッセイは除きました。

【映像監修】

さいふ詣・千年の旅路――太宰府往来」（RKB毎日放送「九州遺産」1999年）
九州国立博物館映像アーカイブス無形民俗文化財編1―44、2003年―現在
篠栗町教育委員会太祖神楽映像「磐戸ふたたび」、2006年
ふるさと文化再興事業映像制作・福岡市東区・西区・早良区・博多区の無形民俗文化財、2007年―現在

あとがき

顔に吹きつけた一陣の風に「先祖からの歓迎」を感じた、と言う俳優緒形拳さんの表情が、この聞き書きを始める時から終わる時までずっと私の胸奥にあった。亡くなる直前の緒方さんがルーツを求めて大分県豊後大野市の緒方神社を訪ねた場面をNHKテレビ「にっぽん巡礼――あなたの心がかえる場所」（平成二十一年正月放映）で見て、森弘子さんが聞き書きで伝えたいことが分かった、と直感したからである。森さんの友人が制作したその番組のモティーフと森さんの半生で共通していたのは、時を超えて継承される「心のふるさと」への思いだった。

森さんとの出会いは、昭和五十六（一九八一）年夏のある日。二十代後半だった私は講演会の取材で太宰府天満宮余香殿にいた。その会場で、笑みを振りまきながら動き回っている小柄な女性が目に留まった。催しをスタッフの一人として成功させたい、盛り上げたいという思いを全身から発散させ、周囲に伝えるような動き方だった。それが、森さんだった。

当時、太宰府エリアの担当記者のテーマの一つは大宰府史跡の発掘調査だった。大宰府条坊制の実像はどうだったのか、木簡など出土品は文献に残る政庁の機能とどう結び付くか、などなど。発掘現場に足を運んでは九州歴史資料館調査課の石松好雄さんたちに話を聞くのが毎日のルーティンワーク。その発掘事務所近くに森さんが文化部長を務めた「古都大宰府を守る会」の事務局が入った覆屋があり、ちょくちょく立ち寄らせてもらった。

それから二十八年後。ふと、森さんの聞き書きをやろうと思い立った。

太宰府での勤務時代、森さんがかかわった市民講座「大宰府アカデミー」や長野ヒデ子さんとの画文集出版などの取材の記憶。とりわけ、新緑が映え、初夏の風が体を吹き抜けた宝満山での修験道復興の催し（峰入り、護摩焚き）は昨日のことのように覚えていた。当時は写真を撮って記事にしただけだったが、五感で感じた修験道の祈りへの共振が胸奥で続いていたのかもしれない。

もう一つ。太宰府天満宮の西高辻信貞宮司（当時）と藤井功九州歴史資料館副館長（当時）お二人の存在も大きかった。「神道浪漫派」という呼称がふさわしい信貞氏は、聞き書き候補だったけれど体調がすぐれず、実現せずじまい。藤井さんも多くの発掘技師の尊敬を一身に集めた人物で、じっくり話を聞きたい取材対象だったが、急逝された。この二人のことも、どちらとも親しかった森さんを通して記録にとどめておきたい、という思いもあった。

こうして四半世紀を経て再び、太宰府通いを始めた。助かったのは、森さんはご自身の本のほか、論文やエッセーが載った冊子や新聞記事を大切に保管されており、そのコピーなどを用意してもらえたこと。写真も同様で、それらを手掛かりに話を紡いでいってもらった。

取材のエピソードをいくつか。

聞き書きは、森さんのライフワークの宝満山編から始めた。導入部は毎年五月にある「峰入り」の場面から。それには私も一緒に登山して、山頂付近で解説をする森さんの写真を押さえなければならない。それまで宝満山に登ったことがなかった私は一月ごろから毎朝、出社時は十階の職場まで階段を使ってフーフー言いながら上がった。そして当日。鍛錬の成果は早い段階で使い果たし、へろへろの私を横目に年長の森さんはスティックを両手に、斜面であれ何であれ体全体を使って事もなげに登って降りた。

森さんのお父さん、石村善右さん（石村萬盛堂二代目）の写真を初めて見た時の驚きも忘れられない。森さんと容貌が生き写しだったからである。この本を読んでもお分かりいただけるように、森さんは容貌だけでなく、お父さんの遺伝子をかなり受け継いでいる。好奇心の旺盛さ、行動力、感性の豊かさ、そして人と人を結び付けるコーディネート力など。ひたすら優しく、博多の歴史を説いて聞かせたお父さんと、日常生活のしつけは厳しく、しかし根は子どもを愛してやまなかったお母さんの下で、森さんはその資質を育くんだのだろう。

取材を始めるにあたって、森さんにちょっと失礼なことをお願いした。「太宰府天満宮をことさら持ち上げる、あるいは美化する話は避けましょうね」と。森さんが薫陶を受けた信貞前宮司を敬愛してやまないことは知っていたし、神職のご主人と結ばれたのは天満宮という空間で勤務したから。太宰府天満宮抜きには森さんの半生は語れないのを承知の上でそう申し上げたら、森さんは快諾された。とはいえ、前宮司や天満宮への森さんの思い入れは並々ならぬものがある。何度か、その表現はちょっと、というやりとりがあった。森さんは「何で?」という顔をしても、自分を押し通されることはなかったように記憶している。

森さんの話に感銘を受けたり、共鳴したりすることは多々あった。中でも、かつて宝満山の僧侶が西の脊振山（佐賀県）を向いて「日想観」をしていたのではないか、という話は印象に残る。修行僧が脊振山のかなたを「極楽浄土」とみなし、夕陽に阿弥陀如来を見るという修行の一つ。森さんが撮った、冬至の日に脊振山頂に沈む夕陽のシーンは文字通り胸に焼きつく光景で、阿弥陀如来を待つ修行僧の心理に共感できるような見事な写真である。

印象に残ると言えば、森さんと大宰府政庁跡で写真を撮る約束をしていたある朝のこともそう。その朝、政庁跡背後の四王寺山（大野山）には霧が立ちこめ、山容は見えなかった。かつて山上憶良がこの地で詠んだ和歌「大野山霧立ち渡るわが嘆く息嘯《おきそ》の風に霧立ち渡る」が胸に浮かんだ。千三百年以上という時間を超え、憶良の感慨を共有できた気がした。

そこに、なぜ歴史的景観の保全が大切かの答えがある。自分がいつかかえる「心のふるさと」は自分以前とのつながりの確認できる場所であってほしい、と多くの人が願うのではないか。緒形拳さんのように。だから乱開発による景観破壊は止めなくては、と訴える森さんが環境歴史学を志したのは必然だったのだろう。まだまだ頑張ってもらわねばならない。

平成二十四年二月

南里義則

邂逅——感謝にかえて

三年ほど前、突然、西日本新聞社の南里義則さんからお電話を頂きました。南里さんは私が太宰府天満宮文化研究所から財団法人古都大宰府を守る会（現古都大宰府保存協会）に転職した頃、筑紫支局の記者として赴任しておられました。何事かと驚く私に、またまた驚きのお言葉です。「西日本新聞の聞き書きシリーズにご登場願いたい」と。

「あのシリーズには、功成り名遂げた方がご登場なさるのでは？　私はまだ若いし、第一私のささやかな人生なんてそんなシリーズの記事にはなり得ない」と思っているところに、たたみかけるように、私の尊敬する太宰府天満宮の前宮司様の晩年に、このシリーズへの登場の話があったけれども果たせなかったこと、また大宰府史跡の保存に命を捧げられた藤井功さんのことも、長年大宰府の史跡に関わっている私から聞きたいとのこと。

それならばとお引き受けし、約半年の取材を経て、このシリーズは平成二十二年一月三日から四月十四日まで連載されました。ちょっと私が前に出すぎた感じもしますが、太宰府の史跡が多くの方々の努力によって保存され、現在、その歴史遺産を活かしたまちづくりが推進されているプロセスがよく表現されていて、南里さんが意図された太宰府の現代史が見事に綴られており、また、私が次の世代に伝えたい想いまでも……と、有り難く思いました。

南里さんが筑紫支局におられた三十年前、太宰府は市制施行し、有吉林之助氏が初代市長となられました。有吉市長は、西高辻前宮司とは竹馬の友であり盟友でもありました。そして後に、財団法人古都大宰府を守る会の理事長となられたのです。戦後太宰府をつくられたと言っても過言ではないお二人に身近に仕えた私は、本当に果報者ですし、そのお二人の想いを引き継ぐことが使命だとも思っています。

太宰府市制施行の昭和五十七年は、ちょうど宝満山の開山心蓮上人の千三百年遠忌の年に当たっていました。これを記念して、兼ねて親交のあった宝満山ゆかりの山伏の方々と宝満山修験会を結成し、入峰・採灯大護摩供を復興したことや、翌五十八年の九州歴史資料館開館十周年を記念して、それまでの発掘調査や太宰府学の研究成果を一般の方々に知っていただくための講座「大宰府アカデミー」を企画したことが南里さんの印象に残っていたのでしょうか。

南里さんは、大宰府アカデミーの計画をスクープされ、それが新聞紙上に載った日には、受話器を置く間もないほどのひっきりなしの電話に、守る会の事務所がパンクしそうになった日のことが懐かしく思い出されます。今でこそ、大学も博物館も一般市民に開かれていますが、当時はこのような講座は皆無と言ってよいほどの時代でした。南里さんは、講義内容の要約を西日本新聞に連載してくださり、千百五十人という受講希望者のうち、選にもれた方々への対応にも心強い応援をしてくださいました。

当時、九州歴史資料館長は、「学問が象牙の塔に籠もることなく広く一般に伝えられるべき」とのお考えの田村圓澄先生であり、有力な地元紙の記者が、大宰府史跡発掘調査指導委員会委員の八木充先生の教え子の南里義則さんであったことも、思えば不思議なめくりあわせであり、今日の太宰府のまちづくりの礎として本当に仕合わせなことでした。

これを出発点として、大宰府史跡解説員が誕生し、その後も、市史編纂や、万葉植栽、市民遺産調査の活動など、市民の皆さんと研究者、行政が一体となって景観・歴史まちづくりの人の輪は大きくなっています。それに関わり続けさせていただいていることも、有り難いことです。

あらためて南里さんが綴ってくださった私の半生を読み返してみて、何と多くの方々との邂逅に恵まれ、多くのことを成し遂げることができた人生だったかと、幸せを感じています。

今回の出版に際しては、主人森五郎が、大いに後押しをしてくれました。出版をお引き受けくださいました海鳥社の西俊明社長、杉本雅子さんにも感謝申し上げます。また表紙には、美術大学で学んだ二女石坂香枝が描いた絵を使わせていただきました。聞き書きに登場の少なかった長女荒川満智は、妹弟をよくまとめてくれています。八人の孫もできました。大郎と嫁の秀衣もがんばってくれています。日々、幼子の声の聞こえる生活はいいものです。素晴らしい両親、素晴らしい師、素晴らしい友、素晴らしい仲間、素晴らしい家族、そして南里義則さんに心から感謝を捧げます。

平成二十四年二月

梅の香につつまれて森　弘子

本書は二〇一〇年一月四日から四月十四日まで「西日本新聞」に連載された
「聞き書きシリーズ——ひとすじの梅の香」に加筆・訂正したものです。

南里義則（なんり・よしのり）
1952年、佐賀県生まれ。山口大学文学科（国史学）卒業後、1977年、西日本新聞社編集局入社。筑紫支局、社会部デスク、北九州支社編集部長、熊本総局長を経て、現在、紙面審査管理室長。

森弘子《もりひろこ》聞《き》き書《が》き　ひとすじの梅《うめ》の香《か》
2012年2月25日　第1刷発行
■
著　者　南里義則
発行者　西　俊明
発行所　有限会社海鳥社
〒810-0072　福岡市中央区長浜3丁目1番16号
電話092(771)0132　FAX092(771)2546
印刷・製本　モリモト印刷株式会社
ISBN 978-4-87415-836-4
http://www.kaichosha-f.co.jp
［定価は表紙カバーに表示］